سلطان نجد

عبد الله
السلوم

رواية • الحكم المناصر لعدالة توزيع الثروة

حقوق المؤلف

ISBN 9781732537569
90000 >
9 781732 537569
ISBN: 978-1732537569

للحصول على نسخة من هذا الكتاب:

GO abdullah.com.kw/books

عبدالله السلوم

alsalloumabdul contact@abdullah.com.kw abdullah.com.kw

دولة الكويت

إهداء

في زمن الجائحة..

خُطت سطور هذا الكتاب صفحة صفحة..

إلى من عانى وقاسى..

وفَقَد وفُقِد..

وتحمّل وتجمّل..

وغَلَب وغُلِب..

وتعاون فلم يتهاون..

وإلى فخرنا متقلدي شرف الصفوف الأولى..

رعاية، وحماية، وتطوعا..

أهدي هذا الكتاب..

* * *

رواية • الحكم المناصر لعدالة توزيع الثروة

عبدالله
السلوم

شاركنا برأيك على:

‫#سلطان_نجد‬

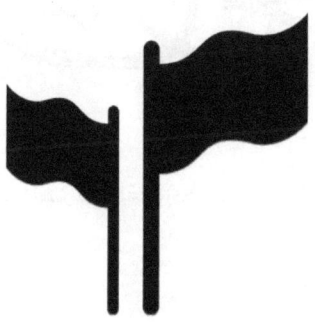

الفصل الأول

هنا اليمامة

أصوات ضجة عارمة، نداءات وضحكات، صراخ وفوضى وتداخل أصوات، إخالني في سوق! ما أثقل جفني، وما أبطأ استجابته. استيقظت للتو بعد سبات عميق، غططت فيه جراء إغماءة لا أذكر بدايتها ولا أعرف مدتها. هذا المكان الذي أنا فيه الآن لا أعرفه كذلك، أين أنا؟ تبحث عيناي عن شيء تألفه، أتفحص سقف الغرفة التي لا تحوي حسا أو شيئا أعرفه لطمأنتي. أتفقد المكان بعينيّ بحركة مثقلة منهكة، إلى أن وقع ناظراي على جسدي، حينها استيقظ كل ما قد كان خاملا فيّ. عجبا! كيف هلعت لتفقد المكان والتساؤل عنه غير مستشعر جسمي وما حل به، ماذا أصابني؟ لماذا تُلَف ساقي بقماش أبيض ملطخ بالدماء؟ لماذا يبدو القماش محمرا ومخضرا في الوقت نفسه! سألمسه، لحظة، سألمسه.. لكني لا أستطيع لمسه، يدي لم تُصَب ببطء استجابة، ولا بثقل حركة كحال جفني، يدي مفقودة، هل بُترت ذراعي؟ هل ضاق المكان أم زادت حرارته، أشعر بأني أختنق في زوايا هذه الغرفة بعد أن اكتملت الصورة. أنا الآن مُلقى على سرير خشبي داكن، إلا أن ما أوجسه بداخلي أشد سوادا منه، يفصلني عنه نقيضه؛ سجادة مزخرفة بألوان ذات بهجة، بحرية وسماوية بنسج أناضولي فاخر، في غرفة جدرانها ناعمة وسقفها حجري، وفي وسطها أنا؛ جثة متوثبة ملقاة على سرير، بعقل تضج فيه الأسئلة؛ أسئلة وأسئلة أسكتت صوت الضجيج الخارجي الذي

٣

أيقظني مما كنت فيه، أُسائل نفسي مفجوعا، ما الذي حل بي؟ لماذا أنا هنا؟ وأين هنا؟ لا أستطيع معرفة المكان، فلست أرى مدى أبعد من هذه الحيطان. حسنا، الزمن مجهول كذلك، فلا دلالة ترشدني إليه، لست أعرف إن كنا في يوم سبت أو في يوم جمعة. لحظة.. لا أثر لرائحة تمر مكنوز، ولا صوت لحفيف أو طنين نحل. أنا وإن كنت أينما كنت إلا أنني، قطعا، لست في الوشم، فأنا حتما لست في مرات!

صوت يقترب من الباب، أنا لست وحدي هنا، أتراه المتسبب، رجائي أن يكون المنقذ. سمعت صوت صرير الباب ينبئ عن فتحه. حاسة سمعي الآن هي ناظري الذي أبصر فيه ما هو أبعد مما أراه. صوت شخص طاعن بالسن يُجيب صوت شاب يلاحقه، يسأله بقلق واضح عما إذا كانت الأعشاب التي يحملها بيده قد تنفعه كدواء لوالده، ويلح في سؤاله طمعا في أن يؤكد له. الصوت الآخر يجيبه وهو يهم بالاقتراب مني أكثر: "نعم يا بني.. أتيتك بها من ريف العراق للتو. ضعها في ماء ساخن، واتركها فيه حتى يبرد..". صاحب الصوت أمامي، يبحلق بعينيه فيّ، أبصرته وكان أول ما وقعت عليه عيني سلسلة الصليب المعلقة على عنقه. ازداد اضطرابي، وبدأت أتعرق من هول ما رأيت، ورغم ارتعاش جسدي وارتعاده ضعفا، شددت يدي المبتورة أنوي قصد خاصرتي لأسل سيفي الذي طالما تصديت به لأعداء وأعداء. لكن، أين يدي قبل فيصلي! نفضت

جسدي بغضب، وعضضت على نواجذي بعزم، أحاول أن أنتصب لأرفع ظهري، أحاول الوقوف أو حتى الاعتدال، لكن دون جدوى. هممت بصوت يكاد يفهم كحمحمة جياد، وتغمغم غريق: "يا من سلّمتني من المسلمين في نجْد، سلّمني من الكفرة في ديارهم". أمسك بي الرجل، مثبطا من عزائمي ومثبتا إياي، وتضاحك على هلعي وفراري الذي باء بالفشل، قائلا: "لا تفسد علاجي لك، واطمئن، فأنت في ديارك، وأنا أنا في دياري، ولكنها بالنسبة لي محض دار عابرة. إنك في قلب اليمامة، حيث الإسلام والمسلمون".

بدأت السكينة تتسلل إلى نفسي شيئا فشيئا. وقع كلماته حلت علي كالمعوّذة، هدأ اضطرابي، واسترخت عضلاتي المفزوعة بعد محاولات الهرب، ولملمت نظراتي المتناثرة يمنة ويسرة، وكاد أن يطمئن قلبي لولا الأسئلة التي تشغل عقلي، ولم أجد سبيلا لكبح جماحها. فباغتّه بصوت منقطع الأنفاس، باحثا عن إجابة، راجيا بها شفاء غليل حيرتي وفضولي.

— من أنت؟

التفت عني بظهره وقد لمحت ابتسامته الهادئة. أجابني وسط انشغاله بتقطيع أعشاب مجففة:

— على حد ظنك وقولك، لست من الكفرة، أنا مسيحي من أهل الكتاب.

— يا هذا.. أمانك في نجْد لم يسنده أنك من أهله، بل أسنده طِيب قدمته لأهلها.

رفع الرجل حاجبيه متعجبا وهو مبتسم، وقال:

— لا طِيب إلا بطِيب، ولا خير إلا بخير، ولا شر إلا بشر. لكل شيء شيء، ولكل شيء كُلفة، ولكل كُلفة فائدة..

هممت بمقاطعته دون أن يتم فكرته ويكمل جملته:

— عن أي طِيب تتحدث! العيب يكسونا وهو منا وفينا! أي طِيب في غزاة بني كلاب وبني عُقيل وبني نمير؟ أي طِيب وبنو تميم لم يتفقوا مع بني حنيفة قط؟ أي طِيب ونشوب الحروب بات سنّة بين بني هزّان وبني النمر وبني جرم؟ أما بنو كعب وباهلة، فحدث ولا حرج! إنها أرض قاحلة لا طِيب فيها، ولا طائلة صالحة، فقد تبدلت النفوس منذ أن غادرَتنا الخلافة.

أطال النظر فيّ بعمق، خلته يحاول أن يمتص الغضب الهائج من كلماتي. بسكينته وهدوئه طبطب على كتفي، وقال:

— لا شك في أنها حقبة أنسَتكم شدتها معنى التجارة والخير المشترك. أما العداوة التي أسلفت الحديث عنها من تصارع أهليكم وأنفسكم لكسب العيش، فهي نتاج إهمال المعرفة. وطِيبكم الذي عنيته واستظل حديثي معناه لهو حصادكم لتلك الأعشاب. أما طِيبي لكم يكمن في معالجة من

هم في مثل حالك. نجْد هي داري، مثلما هي دارك، وكما هو حال ديار أخرى.

— ديار أخرى؟

— عشت أيامي وريعان شبابي عابرا أجول الحضارات، مارا بهذه ذهابا، وعائدا من تلك إيابا، وفي كل عام، وعلى هذه الحال، وعادتي الترحال؛ فالشمس التي أطارد بزوغها، وأسعى صائلا للحاق شروقها هي وقت حصاد تلك الأعشاب التي امتهنت علاج الناس بها. أسير ابتداء من الأناضول حتى البصرة عبورا بحلب، ومن البصرة أبلغ قاصدا الحجاز مارا بقلب اليمامة، ومن الحجاز عائدا إلى الأناضول مرورا بدمشق البهية.

— يا للعجب! هل أنا في كنف رحّال خبير وحكيم كريم، يتكبد كلفة علاج الجميع مثلما يفعل معي؟

ابتسم الحكيم، وجلس بجانبي وقد أناخ بجسده على طرف فراشي، وقال محركا يده إلى الخلف، قاصدا وقتا ومكانا فائتين:

—كنت قد خرجت برفقة قافلتي من مرات، وهدفنا قصد طريق يأخذنا إلى قلب اليمامة. وما إن طوينا جزءا يسيرا من طريقنا، وكان يفصلنا عن مرات فرسخ بسيط، إذ بنا نبصر من بعد قرية حمراء حمراء، تخالها حمرة زهر؛ لكنها ليست كذلك، تسطع أرضها بريقا من أنهار، لكنها ليست أنهار ماء زرقاء. وكلما

اقتربنا أكثر بدأت تتراءى لنا حقيقتها؛ إذ لا شيء فيها غير الدماء. مررت بها من دون قصد، ودخلتها من غير إرادة. فإن صح التعبير، فقد شملني قول: "مكره أخاك لا بطل"، لأريح ضميري وأصون عهد مهنتي. دخلتها أبحث عن مصدر صدى الصوت الذي سمعته، صوت يصيح تارة، ويختفي تارة أخرى، وأنا بين التارة والتارة تائه بين الجثث المرمية. تعثرت ألف مرة لأبلغ ألف محاولة إنقاذ، حتى إذا وصلتها أيست؛ إذ لم أجد فيها ما يمكن إسعافه. سقطت بركبتي جازعا، متحسرا، لا أسمع شيئا غير صوت لهث أنفاسي، أحاول أن أحبسه علني أستعيد سماع أنين ذلك الصوت، لكن دون جدوى. رفعت يديّ الملطختين بالدماء، أبصرهما، تنساب منهما الدماء وتقطر على الأرض، أخذت أضرب بهما ثوبي؛ لأنظفهما قاصدا الخروج مما أنا فيه. فإذا بأنين الصوت يطن في أذني، هلعت ببصري أتفقد الأجساد من حولي، فإذا برأس يرتمي يمنة ويسرة، نائحا من ألمه، هو مصدر الصوت، وهو الكائن الوحيد الذي يتحرك وسط ذلك الجمود، مبشرا بحياة صاحبه. اقتربت منه فوجدت شخصا قد قُطعت ذراعه، ومزقت رجله، وجُلد ظهره، وضُرب ضربا أدمى رأسه. لا أرى من ملامحه شيئا، إذ تكسو الدماء وجهه وعينه بغزارة أفقدته البصر حينها. تحسسته لأطمئنه أنني مسعفه، فعاد يصيح بصوت أعلى وارتفع أنينه، وكأن لمستي له أمدته بشيء من الأمل، وربطته بطرف الحياة، فعاد

يستغيث. سألته: "هل تراني؟"، فقال: "لم أرك مبصرا لأراك وأنا مغطى بالدماء، أسمعني قولا حتى أرا.."، وفقد وعيه، وفقدت جملته تمامها معه.

خفض الحكيم رأسه، وضم يده إلى الأخرى، وتنهّد مكملا حديثه:

— حين فقد وعيه، بقيت عالقا في مكاني، شاخص البصر، أتأمل جسده الذي لا أرى منه موضعا سليما، أحتار في تحديد موضع الجرح الذي أدى إلى نزفه بهذا الشكل. أعي أنه يتنفس حتى الآن، وأعي أن الوقت يمر وأنا واقف بلا حراك. هممت أنادم نفسي بصوت بالكاد يسمع: "ما الذي يمكنني فعله لهذا الرجل يا ترى؟ فإن عالجته في مكانه، وبادرت بإسعافه وإيقاف نزفه، فمن له ليرعاه ويكمل متابعته حتى يشفى؟ فبين هضاب الجثث التي من حولي، لن يشفع له سيف، ولن يتصدى عنه رمح ليدافع عنه أمام نيوب الذئاب ومخالب الجوارح الجائعة، قطعا لن يمهلوه فسحة للعيش حتى يستفيق. هل أتركه بحاله ليلقى حتفه في سلام؟ بقيت على حالي، أتأرجح بين منطق يحثني على تركه، وضمير متأصل بتمسكي بعهد مهنتي يتربص بي، حاثا إياي على عدم تركه!".

أغمض الحكيم عينيه، وتهلل وجهه بابتسامة مطمئنة ارتسمت على شفتيه، التمست منها ابتهاجه بما آلت إليه أمور روايته، وأردف قائلا:

— أوثَق ما أصف به لسان حالي وقراري في ذلك الوقت يُختزل في: "ما على الرسول إلا البلاغ. وما عليّ إلا أن أعمل بما أوتيت به من علم. ليبقى أمر هذا الرجل موكلا إلى ربه ومرتهنا بحبل قدره". أخرجت أدواتي وما استلزم لعلاج الرجل من متاعي المحكم وثاقه في رحال دابتي، وبعد أن أكملت تنظيم العدة وتجهيزها، جثوت على ركبتيّ أمامه، وبدأت أحاول إنقاذ ما يمكن إنقاذه، على أمل وجِل أن أوفق في مداواته. كوَيت رأس ذراعه المقطوعة لأوقف نزفها، وبدأت أمسح جسده وأنظفه من الدماء؛ لأتبين مواضع الجراح وأضمدها، فعاينت جرحا عميقا في ساقه وضمدته، وكدمات قد ازرقّ منها ظهره، فداويتها بدهان، ولففتها بقماش. وما إن انتهيت منه، وقد أوشكت الشمس على المغيب، عزمت على الرحيل، وأخذت أعيد ترتيب رحالي وتنظيم متاعي، وقد بدا صوت أنينه يخف شيئا فشيئا؛ مؤشرا على ارتياحه، واستقرار وضعه مقارنة عما كان فيه. وحين انتظم كل شيء في محله، وابتعدت عن ذلك الجسد أودعه، قاصدا دابتي لأمتطيها، وبينما أنا أحاول الخروج، متعثرا تارة ومتيسرا تارة أخرى، قاصدا مسارا لا أبصره؛ أجول بين أكوام الجثث المرمية، فلا أنا مبتعد عنه، ولا أنا قريب منه،

إذا بي أسمع صوته يعلو مناديا وهو يقول: "أنا كل قومي.. فيا عاري ويا عار قومي من دَين لا أقوى على سداده" وسكت، التفتّ إليه، من دون أن أفكر لحظة واحدة، فانصعت له طوعا وبتلقائية تامة عازما العودة إليه، متسائلا بيني وبين نفسي، عمن يكون هذا الرجل! وحين تثبت مكانه ووصلت إليه، ترجلت عن دابتي. وفور استشعاره لدنوّي منه استبقني بحديثه قبل أن أجلس بجانبه، وقال: "قل لي ما اسمك قبل أن ترحل.-"، وفقد وعيه مرة أخرى.

حينها، ومن دون أن يكمل الحكيم تفاصيل ما يرويه، وبغير أن يؤكد قائلا هذا أنت، وتلك قصتك، أيقنت تمام اليقين من أنه كان يروي قصتي، رغم أني لا أذكر منها شيئا مما قاله. ولكن تلك المشاعر هي مشاعري، أعيها وأعرفها، وذلك القول هو قولي، أميزه وأحس به. وضعت يدي على يديه دون أن أشعر، وأحكمت شدها بقوة، شدّا يترجم ما يكنّه صدري من امتنان له؛ لما قدمه وبذله لي. تعلقت عيناي ببريق لامع تنظران إليه بترقب وبتطلع للاستزادة منه ليكمل روايته. فأكمل قائلا:

— كان يسأل عن اسمي، أمّا أنا فتساءلت: "كيف لأرض قاحلة جدباء، عانى أهلها الحروب جبهات وجبهات، وتجرّعوا من القهر فصولا وعذابات، ورُويت عنهم للنهب والفساد حكايات، أن تأتي برجل يستشعر الامتنان لشخص لاقاه في آخر لحظة من حياته؟ كيف يمكن أن يؤول شعوره لعار لمجرد عجزه

وعدم قدرته على تعويض ذلك الامتنان؟ بل وأنى لعلاج في مثل هذه الأوضاع أن يصبح دَينا؟ كيف؟ وكيف؟". وابل من التساؤلات لم أجد لفك شفرتها سبيلا، أفكر وأتعثر. فتارة أوشك ترجيح الفضول سببا لمعرفة ماهية هذا الرجل، وتارة أخرى أرجح الرغبة منه ببذل طِيب بالمقابل. وبين هذا وذاك، يتسامى لي أمره وكأني أرى طِيبه أجلّ وأطيب من طِيب الأعشاب التي عشت أقتات من خيرها سنين طوال. فعزمت وهممت على حمله إلى دابتي، وأكملت مسيري إلى هنا، إلى قلب اليمامة.

زاد الحمل على عاتقي؛ إذ تضاعف امتناني للحكيم، وقد بدا الأمر جليا وواضحا عليّ، تختصره حمرة علَت وجنتي. وحين استشعر الحكيم ذلك، أكمل حديثه وقد امتزجت به ضحكاتُه مقاطعة كلماتِه:

— طِيبي الأول لك هو علاجك، وطِيبي الثاني هو إكمال ما بدأت به لك حتى تستفيق، فتعرف اسمي لتسدّ دَينك الذي لا أراه دَينا إلا لشعورِك بالعار منه. ووفق ذلك، ومما أراه من احمرار وجنتيك، فاعلم يا بني أن عارك عاران؛ أولهما عار دَين العلاج، وثانيهما عار دَين الاستفاقة.

خفضت رأسي مبتسما، وأبعدت ناظري عنه؛ تأثرا بفراسته، واحتراما لإحساسه بما أشعر به، فأكمل قائلا:

— أي بني، إن لفضولي كلفة، وهي مكلفة جدا. فكم وكم طويت سنينا وشهورا أغذي فيها هذا الفضول وأرويه؛ لأرتوي منه، حتى أوصلني إلى ما أنا عليه من علم وحكمة في يومنا هذا. فحري بك أن تعلم وتعي أن مكافأتك لي بطِيب علاجي، كائن في طِيب مشاركتك لي ما هو خير لك، وأن إقصاءك إياي عما هو شر لي، هو مثيل ما تفعله معي سائر القبائل في مرات واليمامة والحجاز وغيرها. أما الشق الثاني والمحقق لتساوي الكفتين وترجيح الميزان من طِيب إكمال علاجك حتى تستفيق، فله ويكفيه أن تبذل طِيب التكفل بإشباع فضولي الذي لازمني مسيرة ستين يوما، بدءا من حدود مرات بلوغا إلى قلب اليمامة، حيث أتيت بك.

فسألته مبتسما:

— ما هي كلفة فضولك هذه يا حكيم؟

باعد يديه عن بعضهما، وارتخى في جلسته، وأخذ شهيقا عميقا، أتبعَهُ بزفير بطيء، ثم وضع يده اليمنى على رأسي، وقال:

— قل لي من أنت.

كان يرمي إلى معرفة اسمي قاصدا إياه في سؤاله حين قال "من أنت"، وهذا ما أخشى البوح به، لا سيما في وضعي الذي أجهل مآله. فبرغم وعيي التام من أنه لا ارتياب من أمر الحكيم،

إذ إنني لا أقصد سوء ظن في شخصه، ولكنه وإن كان رجلا طيبا، قد أنقذني من الموت، وتفضل علي بمعروفه، وأكرم مثواي في داره، إلا أن خوفي وترددي نابع من أهل هذا المكان الذي أجهله، لا من شخصه. فلست أدري إن كنت في مأمن هنا أم لا، وهل أنا في حصن وكنف يسمح لي فيه أن أكشف عن نفسي، وأفشي إليه به سري وأنا في معقل بني حنيفة؟ أو إن صح التعبير عند قوم هم تحت إمرة الأخيضريين. كل هذه الاحتمالات كانت تدور في ذهني، وتعصف بي دون توقف. وبعد ثوان يسيرة من وقع سؤاله، كانت دوامة تنسج في رأسي خيالات وروايات أستعيذ بالله من تحققها. أغمضت عينيّ أحاول جاهدا أن أخفي ارتباكي أمامه، وفتحتهما بسرعة، واصطنعت ابتسامة صفراء أحاول التماسك بها، لعلي أزيف بها ما أشعر به من قلق ورغبة في التحفظ والتحوط بغية الهرب من نباهته، لكن دون جدوى. فلا سلطان يعصمني من تلون وجهي الذي يفضح توتري ويظهره جليا أمامه. رمقني الحكيم بنظرة حادة، أيقنت منها أن جميع محاولاتي قد باءت بالفشل، وأنه شعر بمدى قلقي وأدرك تخوفي. كبحت جماح محاولاتي، وسلمت أمري لتلون وجهي، مدركا أن مشاعري المضمرة غلبتني، وأني أخفقت، عبثا، في محاولة حبسها. حسنا إذن. تنهدت بعمق، إذ طالما أن أوراقي مكشوفة أمام هذا الفطن النبيه، فسأحاول أن أصفي ذهني لأتوصل إلى قرار صائب

وجواب راشد. سأعيد ترتيب أفكاري واحدة واحدة. هذا الحكيم أسدى إلي معروفا، وبذل طيبا بعلاجي، وأتبعه بجميل حملي ومتابعة حالتي، وأنا وإن قدر الله لي هذه الحياة، فهي بفضله سبحانه، ثم بفضل ما أدين به للحكيم بحياتي كلها. علي أن أتريث وأراعي سلامته كما أراعي سلامتي. علي أن أفكر في مصلحته قبل أن أجيب، هل معرفته باسمي ستنفعه أم ستضره؟ أخشى ما أخشى عليه أن يلحق به الضرر، فلعل أسلم الأمور وخير الحلول أن يبقى جاهلا به؛ لكيلا يضره من الأمر شيء، ولا يُطال بسوء أنا سببه ومصدره. أومأ الحكيم بعينيه منتظرا ردي، فتنحنحت وقلت:

— أنا من بعدك يا حكيم، فقبل أن أجيبك، قل لي أنت أولا، ما اسمك.

رميت شباك سؤالي بغية اصطياد إجابة أستدل بها على هوية دائِني، فلعلها الغنيمة التي أجد بها سبيلا للوصول إلى مدخل يمكنني من سداد ديني مستقبلا، على اعتبار أني لن أجيب مقصد السؤال بل معناه. فأجابني قائل

— اسمي ميخائيل بنيامين، تنحدر أصولي من سلالة عربية تركية تسكن في قرى الشام والأناضول.

ارتخيت مطمئنا، وبانت على وجهي علامات الارتياح، وشعرت أن ميخائيل فهم سبب ارتياحي وتغير حالي. وما إن

أدرك ذلك حتى تبدلت طريقة جلوسه هو الآخر، وتغيرت تعابير وجهه، من تلك النظرات المتربصة، والحواس المتأهبة التي يملؤها الفضول إلى ما هو عكس ذلك، وكأنه تيقن بأن لا شيء من الآتي سيشفي غليل فضوله في الوقت الراهن، أو حتى لاحقا. تيقن بأن الغاية من سؤالي عن اسمه جاءت بغية سداد الدَّين لاحقا. ورغم ذلك كله إلا أنني التمست، في هدوئه المعاكس لما كان عليه، شعورا مفاده أنه أيقن بأن نزاهتي سترفع من قيمة دَيني متى ما أدركت بأن البوح له باسمي يعني له الكثير. خيم الصمت على المكان، كلانا صامت، وفي الوقت نفسه، كلانا منصت للآخر، كانت النظرات بيننا أبلغ من الحديث. أطال كل واحد منا النظر إلى الآخر، يسرح في ملامحه، يتابع حركات وجهه وتقاسيم تعابيره. هذه الوسوم والرسوم تعكس انطباعه وتحكي مشاعره، تترجم حديثا لا يقدر أي منا على البوح به بسهولة تامة، أو حتى بوصفه أو نظمه في جملة كلمات عابرة تصطف لتجسد معنى تغلغل في أعماق النفس. أنا وهو، والصمت ثالثنا، بشعور متكافئ لم يسبق أن استشعرته من قبل. أدركت حينها عمق عقل الرجل ودهاءه، ذكاءه ونباهته، وفطنته وطِيب نواياه. فقلت له:

— أجبتني مشكورا، وحان دوري لأجيبك. أما أنا، فشخص غريزته الفضول، ولعبته الأنماط، ومهنته إثبات القول وتأكيد صحته. أنا مَن يشرب ويأكل ليقرأ، ويقرأ ليرتوي ويقتات. أنا

مَن يصغي لينتفع، ولا يتحدث إن لم يكن هنالك من أحد يصغي إليه. أنا مَن يفترس نفسه إن بدا من نفسه ما يخجله أو يكرهه. منهجي الحساب، ووجهتي المنطق، ودليلي الأفعال. أنا مَن كره الألقاب والكنى وحب النفس والجوهر، فلا يستشعر قيمة طِيب يفعله. يا سيدي.. أنا مَن خاطب العقل احتراما، وهمّش القلب التزاما. أنا مَن يُتبع ولا يَتبع، يُطلب ولا يَطلب، يأمر ولا يؤمر، يعطي ولا يُعطى. أنا مَن لا يقدّر قيمته ضعاف النفوس، ولا ذئاب الحشود، بل سليمو السرائر وأسود الجيوش. أنا مَن تعلو به الرتب، ولا يحمل الأحقاد ثقلا في الأكباد، يبيع من نفسه ليشتري قومه، يُطعن من ظهره ولا يلتفت، يُفترى عليه بصدق أمانته ولا يُبدي اهتماما، يُهان ويصفح، يُخوّن به ولا يسلّم.

اعتدل ميخائيل في جلسته، واحتدت نظرته أكثر من ذي قبل، تنبئ عن عودة فضوله بشكل مضاعف، وبحماسة أشد فتيلا. قال مستبقا حديثي، حاثا إياي على أن أكمل بتفصيل أعمق وأدق:

— أسمعتني ما يكفي من القول المعني بتعريفك في أعين الناس، ولكنك لم تقل لي من أنت.

٣

هذه المرة، وقعت أنا في شباك ميخائيل، فقد استدرجني لأبدي رأيي بنفسي أمامه. رفعت رأسي شاخصا بنظري إلى أعلى السقف، بنظرة استنجاد بالله، وقلت:

— أنا إن كنت تسأل نفسي عني، فإني مَن يرى فشله، ويغض طرفه عن إضافته، شخص اختلف فابتعد، وكرِه حبّه لوحدته، فانغلق واكتأب.

ابتسم ميخائيل، وقال:

— الآن، أُصدّقك وأصدُقك.

ثم خيم الصمت بيننا، لا شيء إلا إطراقاتنا الأولى، ونظراتنا المتبادلة، وتبسمنا المطمئن. وبالرغم مما بدا لي من ارتياح متبادل تجاه ميخائيل لمصاحبتي إياه، إلا أن نفسي ظلّت مترددة تحوم مرة في نسج خيالات حول العودة إلى مرات، وتستفيق في أخرى منشغلة بهمّ سداد دَيني لميخائيل. وبينما نحن على هذه الحال لوقت أجهل طوله، إذ بنا نسمع صوت عدو جياد يقترب من مكاننا في تلك الدار الصغيرة، ضجيج خيول، وكرير وصهيل، لجة فرسان يكاد يهتز المكان من إثرها. كان صوتهم يقترب منا شيئا فشيئا وبسرعة بالغة، حتى بدا صوت حراك الفرسان ووقع مشيهم على الأرض قريبا منا، يتحدثون بصياح وصراخ، لهجة الغضب ونبرة الحزم تسبق حديثهم. كل ما كنا نميزه من عباراتهم المقتضبة هو: "أين

ميخائيل الكافر؟"، "هذا آخر يوم في حياتك يا ميخائيل.."،
"انتبهوا، لا تقتلوه، يريده الأمير على قيد الحياة".

استنكر ميخائيل ما يحدث، وبصرامة وشجاعة لم أنكرها
عليه، قفز من كرسيه قائما متجها إلى باب الغرفة، يقصد
الخروج لمعرفة ما يدور في الخارج. وما إن اقترب من الباب،
وقبل أن يفتحه إذ بالباب يُفتح ركلا في وجهه من قبل فرسان
قصر الخضرمة. ومن دون أن يحدثوه أو يتفوهوا بكلمة واحدة،
انهالوا على ميخائيل بالضرب العشوائي، عدد لا أحصيه من
الرجال أمام رجل واحد، ركلا بالأقدام وضربا بالعصيّ والحبال،
على ظهره وبطنه وعلى كتفيه وسائر جسده، احمرّ جسده حتى
سال منه الدم، كان يصرخ بهم في بادئ الأمر إلا أنه سرعان ما
فقد وعيه من هول ما لاقاه منهم. بعدها، دخل قائد الفرسان
إلى الغرفة وبنظرة ثعلب ماكر، حادة متربصة، رمقني بنظرة
تكبر وغرور؛ نظرة تضج بالاشمئزاز النافر من مساسي، أو
التدخل والتسبب في قتلي وهلاكي، لا شفقة على حالي بل
تجاهلا لي، إذ كان ينظر إلي كما لو كان ينظر إلى العدم تماما، أو
إلى قطعة لحم متعفنة ملقاة على سرير معزول، لا تجدي نفعا
ولا تستحق التفاتا. أشاح بناظره عني إلى ميخائيل المرمي
وسط دمائه على الأرض، ووجه خطابه لفرسانه بحزم وعنجهية،
تكاد ترى الكلمات تعبر من فيه إلى رأس أنفه لتقصدهم بعد
ذلك من شدة الكبر، أشار بسبابته اليمنى إلى ميخائيل، وقال:

— نعم، هذا هو ميخائيل ذاته. شُدّوا وثاقه جيدا من كلتي يديه ورجليه، وائتوا به إلى القصر حالا.

انصاع الفرسان لأمره في لمح البصر، هذا يمسك وذاك يربط، وآخر يشد، وآخر يساعد في تقليب جسد ميخائيل، وغيرهم آخرون يتأكدون من إحكام الوثاق، وأنا وسط ذلك يجهدُ بصري في تتبع حركاتهم، فلا أكاد أقدر على ذلك من فرط سرعتهم. انقلبت حالي في بضع دقائق، من ذلك اليسر حتى هذا العسر، كنت مرتاحا مسرورا أنادم شخصا أغدق علي من كرمه خيرا، وأفكر كيف أردّ له جميله وأكافئه بما هو أهل له. وفجأة تحل علي هذه المصيبة، ويذل ذلك العزيز تحت مرآى عيني وأمامي، وأنا لا أقوى حراكا، ولا أحرك شعرة للدفاع عنه! تصبّب العرق من جبيني من فرط توتري، كيف لي أن أبقى جامدا، لا أفعل شيئا لرجل أنقذني من الموت، وتكبد مشقة حملي والاعتناء بي! أوشك الفرسان على نقل ميخائيل للخارج، حسنًا! لن أبقى جامدا. التفتّ إلى قائد الفرسان وإذا به يسوّي هندامه، ويعيد تنظيم وشاحه المنسدل من أعلى كتفيه، وينفض كتفيه كأنه ينفض غبارا بعد تعب! عجيب.. أتراه تكبد عناء إلقاء الأمر؟ أكان الأمر شاقا لهذا الحد؟ الآن يطيل النظر إلى نفسه في مرآة صغيرة مسندة إلى الحائط، في نظرة ملؤها الإعجاب، ويجرب رفع أحد حاجبيه ويبتسم لنفسه. أظنه في غفلته هذه نسي أن في هذه الغرفة عشرات من البشر يمكن

أن يروا هراءه هذا، أو ربما هو لا يكترث، إذ إنه لا يرانا أساسا. هه! ضحكت دون أن أشعر، أدار رأسه نحوي وقد تبدلت ابتسامته إلى تكشيرة غضب، وتحرك باتجاهي قادما إلي ووشاحه المنسدل يلتف منسابا مع حركته. وقف فوق رأسي، وقال:

— ما الذي يستدعي هذا الضحك؟

رفعت نظري إليه، ولم أنطق بكلمة، أفكر في نفسي "لطالما ترفعت عن الخوض في جدل مع ضعيف نفس مثله، ليس إنقاصا لقدر شخص أجهله والتقيته للتو، إلا أنه لم يقدر قيمة ميخائيل رغم تمييزه لشكله الذي يعكس معرفته له. فلماذا أغتم أو أهتم بشخص يرتضي ذل حكيم، بل ويأمر به، ثم يلتفت لمرآة يتأمل فيها أناقته وشكله بإعجاب!". قفزت في رأسي فكرة، وهي أن أتسبب بأمر يكفل لي مصاحبة ميخائيل إلى حيث يأخذونه، فابتسمت في وجه ضعيف النفس رغبة في استفزازه؛ ليتجبر علي، ويأمر بربط وثاقي وسحبي كرها معه. نعم، بهذه السهولة سيظن أنه آمر وأنا مرغَم، وأنه قائد وأنا تابع، بينما هو يُنفّذ أمرا أنا أوحيتُ له به، ويُرغم بفعل أنا خططت له. فمثل هذه الشخصية هي كومة من فراغ، يجتهد صاحبها بشيء واحد فقط، واحد فقط، هو التفنن في إحداث ضجة وجلبة فارغة توحي أن ثمة شيئا مهما فريدا يحصل؛ لتكسب صاحبها هالة لا قيمة لها، تمنحه بذلك لقبا أو منصبا

يكاد لا يطاله حتى في أحلامه. ومن أصل هذا الزيف تراه وأمثاله أكثر ما يخشون الحقيقة؛ تسترا على زيفهم الذي يفتدونه بالغالي والنفيس، بل وبأي ثمن كان. أما ثقة النفس فهي سمة يدّعونها، ولا تعرف إليهم سبيلا، ولا هم يحسنون إليها مقصدا، لذلك تجرحهم الإهانة؛ إذ تعيدهم إلى أصلهم المَهين، وإن كانت عابرة من فم طفل جاهل، أو من مسن زاهد.

اقترب مني أكثر، هذا الغبي فعلا ينتظر جوابي.. اقترب أكثر، الآن بيني وبين وجهه مسافة كف يد واحدة. أظنه لن يحتمل أن أطيل الأمر عليه أكثر، كما أنني أود الاختصار لألحق بميخائيل وأحقق مبتغاي، فلن أجيب، ليصرخ ثم يسأل، فأجيب ويصرخ سائلا، فأجيب فيصفعني، بل سأبتسم له. ابتسمت على اتساع فمي، وأومأت بنظرة شفقة حانية عليه. أطبق شفته السفلى على العليا، وزمها من فرط الغضب، وبدأ رأسه يهتز يمنة ويسرة إذ بلغ ذروة غضبه في ثوان معدودة فقط، حسنا، الآن! بصقت في وجهه، وأشحت بناظري عنه بهدوء. أبعد رأسه عني، وأخذ يلتفّ عائدا ذاهبا على رأسي، صارخا بأعلى صوته، وبلهجة غضب وحقد شديدين:

— ستندم على ما فعلت.

ضربني على رأسي بأقصى قوته، ضربة تكشف عن مدى حنقه على فعلتي، عرفت من فرط قوتها أني سأفقد الوعي بعد لحظات. التفت إلى فرسانه، وقال:

— شُدّوا وثاقه هو الآخر، وائتوا بهما إلى القصر.

اقترب الفرسان مني قاصدين أخذي، بوجوه عابسة مكفهرة، ثم إني لا أذكر إلا سوادا حالكا فقدت بعده وعيي.

* * *

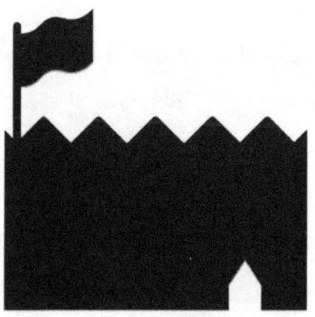

الفصل الثاني

قصر الخضرمة

هذا المشهد الفني لا نهاية له، تتجدد الدهشة في تفاصيله كل لحظة. تودّ لو أن عينك لا ترمش ولو رمشة واحدة كي لا تُفوّت شيئا منه، افتتانا بهذا الجمال، وإجلالا لهذا النعيم. إنها نجْد، العذية الندية، البهية الزاهية. لا ريب في أن جمال منظر كهذا يبدو كأنه سرمدي؛ شيء موجود دون ابتداء وباق دون انتهاء. هضاب عالية، وتلال لامعة، وكثبان سحرية متجددة، تنساب رمالها من تحتنا تُراوح مكانها؛ إذ تأتي بها رياح وتقصيها رياح أخرى، حاملة إياها من مكان إلى مكان آخر. تتسابق الألوان وتتمازج في رسم الأفق بصورة أخاذة، وبتداخل وتدرج لا مثيل له، تملأ فراغ ذلك المكان فلا تكاد تمل رؤيته. إنه وقت الغروب، الوقت الذي تتزين به كثبان نجْد، فتبدو في أبهى حُللِها، تكتحل أسطح الرمال بتباين النور، وتنتعش في هدوء بعد سكون صوت الريح، حتى تبرد شيئا فشيئا. أتُرانا نبيت هنا الليلة؟ فقد قطعنا طريقا طويلة من الأحساء، ومازال أمامنا خمسة عشر فرسخ حتى نبلغ هدفنا إلى قصر الخضرمة.

لم أكن وحيدا في افتناني بتلك اللوحة التي ارتسمت أطيافها أمامي بلمح البصر، أظن أن هدوء حركة مهير تُنبئُ أنه هو الآخر متأثر ومقدر لعظَمة هذا الجمال، فلم يعد يركض أو يهرول، بل أصبح مشيه هينا بطيئا فوق تلك الكثبان. ضربت عنقه برفق أنادمه: "أتراك تشعر بما أشعر به يا مهير؟" التفتُّ أتابع بناظري احتضان الأفق للشمس، في حينٍ تراءت أمامي عتمة جسد

إدريس الذي يمتطي جواده، حائلا بيني وبينها. ليت لي أن أحفظ هذا المنظر، ومتى أغمضت عينيّ أبصرته، لوحة بديعة أود تأملها ما حييت. اقتربت من خط مسير إدريس، واقتربت أكثر، حتى أصبحت أمشي بمحاذاته تماما، التفتُّ إليه، فالتفتَ نحوي مباشرة، في تلك اللحظة، أظنه وجواده استشعرا رغبتي، بنظرات متلهفة تنتظر ما سأقول. وبعد أن قطعنا مسافة قصيرة، تراءت لنا أرض قابعة، تتوسط تلالا تغطيها من كل جهاتها، فقلت مخاطبا إدريس:

— أظننا وطئنا سهلا وسط هذه الأرض، فلعلنا نبيت بسلام وسط هذه التلال، دون حاجتنا لتناوب الحماية.

التفت إدريس شمالا وجنوبا متفقدا المكان، ثم قال لي:

— أتفق معك يا إسماعيل، مكان هادئ وجميل، نأنَس به أكثر بنار هادئة.. على بركة الله.

وترجلت عن صهوة جوادي، وتبعني هو الآخر بالنزول، أخذت أثبت حبل رسن مهير برِمث؛ لعله يقتات من هذه الأرض بما يطيب له، ويتقوى بذلك لمسير يوم الغد. وحين فرغت من ذلك، استشعرت راحة تجلت في ابتسامة واسعة لم أحاول حبسها. أخذت نفسا عميقا، وجثوت منثنيا على ركبتي، أتحسس التراب وأتلمس نعومته، أود أن أرتمي الآن في أحضان هذه الكثبان، أتقلب عليها حتى تلامس رمالها كل جزء من

جسدي، أواه.. ليت أن لي من الوقت ما أشاء لأهدره في هذه اللحظات بلا عجلة. قاطع انشغالي بما أنا فيه صوت إدريس الشجي يعلن دخول وقت صلاة المغرب: "الله أكبر.. الله أكبر..". الآن فقط اكتملت هذه اللوحة؛ هدوء وسكينة، ونداء شجي يردد مطمئنا أنْ حيّ على الصلاة. أنهيت تيممي لأصلي عن يمينه استجابة لنداء الحق. السلام عليكم ورحمة الله.. السلام عليكم ورحمة الله.. أستغفر الله.. أستغفر الله أستغف.... من موضع السجود لحظة الانتهاء من الصلاة، كنت أستغفر ثلاثا، وقبل أن أنهي استغفاري، رفعتُ بنظري للسماء، فإذا بتلك الآية البديعة تسلبُ انتباهي من جديد، لتأخذني في بهاء أفقها المتزين بشفق أحمر يُسر به الناظر، ويطيبُ به الخاطر. هذه الحمرة تتمازج وتجد مكانا رحبا لها وسط زرقة السماء الداكنة، وفي الوقت ذاته من علو أبعد، تبصر بريقا للنجوم تتباهى ساطعة في عليائها. ومن بين كل ذلك، يتجلى القمر بإطلالة خجولة تفردا وكمالا. انشغال وافتنان وحيرة لا يطيق البصر صبرا أن يتحوّل عنها، يركض فيها كجواد مقدام، يطمع أن يسابق ما لا يطول من الأفق الممتد أمامه، يعدو بأقصى سرعته، لعله ينتهي إليه، فلا ينتهي، إذ إنه بَ□ِدءٌ بغير نهاية. كنت أنا كذلك، أتأمل كل ما انكشف لي، طمعا في أن أرى كل شيء لحظة واحدة.

يزداد المكان حنوا بأصوات اشتعال الرِمث الذي أيقظ إدريس به نار الحطب. حسيس النار صوت له جاذبية، يسحبُني إليها بغير شعور. اقتربت من النار بينما كان إدريس يعد لنا ما تيسر من الطعام؛ لتدفأ به أجسادنا في هذه الليلة الباردة. أطلت نظري إلى النار اصطلي دفئها، وقلت:

— أتعلم مما أعجب الآن.. وهذا التساؤل يكاد لا يفارقني.. إذ طالما كرِه أبونا يوسف تلال نجْد.. ويا عجبي! كيف يكون مخيرا دون ذلك؟ كيف لمرء ألا ينتشي بهذا الجمال!

— لا عجب يا إسماعيل، إذ إن رأيه عن نجْد أشبه برأيك عن الحجاز. قضت الأقدار أن تترعرع هنا، وشاءت أقداره أن يترعرع في كنف جدي هناك. والجمال يا إسماعيل، مقسوم وموسوم في كل بقاع الأرض، وفي كل ما خلق الله. والحكم في معنى الجمال مرتهن بعين الرائي. كما أن الأمر ليس مرتبطا بجمال المكان، بل بما نستحضره حين ننتشي بذكراه.

ابتسمت ابتهاجا باسترسال إدريس، وقلت محاولا العبث معه بسخرية:

— أما بعد، ها هو إدريس، ابن يوسف الأخيضري، رجل الليل والنهار، فإذا أشرقت الشمس أقدم قائدا شجاعا.. وأما في الليل فتخاله فيلسوفا، يحاكي عقولا، ويغزل فصولا في معاني الجمال!

وتعالت ضحكاتي وسط تبسم أخي، حتى عمّ الصمت، وحلّ علينا الهدوء، لا صوت غير فرقعة النار، وصوت دواخلنا المتفردة بكل واحد منا، وكأن ما أسلفنا قوله في الجمال كان استفتاحا ومطلعا لما نحن عليه الآن، كحال القصيدة الجاهلية تماما، ابتداء من وقوفنا بالأطلال وتغنينا بالجمال والتغزل به، حتى بلوغنا لمفتاح باب بنات أفكارنا. ونحن الآن على مشارف حمحمة ومسرح الحقيقة ومناسبة القصيدة. ثورة من الأفكار تعصف في داخلي: "القرامطة عن يميننا، والأتراك عن يسارنا، وتمرد عالية نجْد من أمامنا، وصحراء قاحلة من خلفنا، فأي جمال سنذكره، ونحن هنا، وفي حالنا هذه!".

انتهى يومنا بختام آخر صلواتنا. فرغت من الصلاة، وتمددت على ظهري بالقرب من النار، أتحسس دفئها ودفء الرمال التي اكتسبت من حلة لهيبها. أوسّد رأسي بوشاحي، ألتمس بناظري سعة من هذه السماء الرحبة، أتنقل من نجمة إلى نجمة، أحاول أن أتلهى بهذا الجمال، إلا أن فكري ظل منشغلا، يجرني للتفكر فيما شهدناه في الأحساء، من أمر مختلف وهول مُوجِف. جموع معقدة، تتراكب فيها الصور، تُغشى بها البصيرة لا البصر، قرامطة يجمعهم المعتقد لا السيف، حكماء قادتهم، مختلفة نقودهم، وفيهم من لم أفهم أساليب عيشهم. أبقى حائرا، هل نخافهم أم نخاف الفتنة على قومنا في اليمامة؟ هل نهابهم أم نهاب تمرد عالية نجْد؟ هل نحترس منهم أم نحترس من أتراك

الحجاز؟ أسئلة كثيرة، بمقابلات لا نهاية لها، تأخذني من هنا إلى هناك، حتى هنالك، فأتوه حيران.

أنا راسخ لا أتزعزع، طالما كنت معتمدا ومتكئا على حكمة والدي ومتمسكا بزمامها؛ والدي الذي اعتدنا منه تصحيح أي قرار خاطئ أتخذه، أو يتخذه أي من إخوتي. ولكن الأمر يبدو مختلفا هذه المرة، أرى أن في إرساله لي سرا، وطلبه في تقصي أمور القرامطة في الأحساء نبأ مبطنا وأمرا مضمرا يرتبط بما سأفكر به. كأنه بفعله هذا يصرّح برغبته في أن أتنحى عن منطقة الأمان تلك، وأتكئ معتمدا على حكمتي هذه المرة. فهل أنا لها؟

غفوت، وأنا أكاد أسمع صوت أمواج تلك الليلة يرتطم في داخلي. أجواء ليلة ماطرة، وأمواج بحر هائجة، تدفعني إلى تيار معاكس نحو اتجاه الجبال، وسط ابتلالي برذاذ المطر ورهبتي من سواد ليل حالك مهيب، في زوبعة تلك الليلة ومعمعتها كانت الرؤية ضبابية، لا أهتدي لرؤية النجوم أو حتى القمر، كما أجهل تمام الجهل وجهتي، أو إذا ما كنت في مساري الصحيح أم لا، لكني، وبالرغم من ذلك كله، كنت مطمئنا بعض الشيء. "ابتعد يا إسماعيل.. ابتعد.. ابتعد.."، صوت أمي التي تقف على شاطئ تلك الجبال يصرخ بي، كان صوتها يحتد مبديا استياءها كلما اقتربت إليها أكثر. وما إن لامس قاربي الشاطئ، بعد شق أنفس ولهفة وصراع للوصول، إذ بها تبتعد مهرولة عني دون التفات. نزلت مسرعا من قاربي أركض نحوها، تسابق كلماتي

خطواتي، كنت أصرخ فيها معاتبا وأنا أهمّ باللحاق بها: "إنك على قيد الحياة! لمَ تهجرينا ووالدي إذن؟ لمَ تتركينا في هذه الدنيا وحدنا.. كيف! ونحن أحبّ الناس إليك..". التفتت تنظر إلي، يتراءى لي بريق عينيها، أنا لا أنسى نظراتها تلك ما حييت.. تلك النظرات الزاهدة لقربنا منها، تلك النظرات الصامتة كنت أبصرها مكتظة بالكلمات، أشعر بها تهمس لي بهدوء: "أنا في حياة أفضل، مع رجل أحبه ويحبني..". وأبي؟ تنسين أبي! أقف في ذهولي وصمتي، تائها في حيرة من أمري، "اشتقت إليكِ.."، رددتها مرات ومرات، لا أحصي عددها، كنت أرددها وعيناي معلقتان بعينيها، تود أن ترتمي التياعا في حضنها، لكنها لم تحتويني، ولم تبالِ بما أقول. عبست وأغلقت على عينيها بحاجبيها، وكأنها رأت بي ما هو أشد وأمرّ، وقالت لي:

— دعك مني يا إسماعيل، ولا تسلني شيئا، فأنا سعيدة بما أنا فيه وبما أعيشه. ولكني أحزن عليك، أراك تسير على خطى آبائك وأجدادك، ولا جحود إذ إن لك من خير أفعالهم نصيب، لكنك، وفي الوقت ذاته، تتبنى شرّهم الذي عاث بالأرض فسادا، بل وتحمل رايته. يا بُني، قد تبدل الوقت.. فأمم اليوم ترى من الأمور ما لم تره أمم من ذي قبل. وما صمت عنه السابقون في السابق لن يصمت عنه اللاحقون في اللاحق. يا بُني.. أُدرك بأنك قاصد الخير لقومك، وأنا إياك أقصد، فسل نفسك، مَن هم قومك؟ أهي زوجتك؟ أم هم أبناؤك؟ وماذا عن

إخوتك؟ وما قولك بأبناء عمومتك؟ وما دورك تجاه قبيلتك؟ وهل للمسلمين حق عليك؟ وقبل أن تجيب، تفكر في معنى ذلك الخير.

تبدلت حالي أمامها، فوقع كلماتها لم يكن بسيطا علي. أدركت بأنها تعرف حالي، وتعلم حجم الثقل الذي أحمله على عاتقي، وتدرك كم ينهكني حمله، وتخاطبني الآن قاصدة أن تنير بصيرتي وتدلني على الطريق. أكملَت حديثها، إذ أردفت قائلة:

— الخير يا بُني ليس محصورا بمال وجاه، بل في عدل يجذب جموع الناس قاطبة حولك. اجتمعوا فحموك، دافعوا فصانوك، ليس حبا بك، بل حبا لعدلك الذي حفظ حق من استحق، على حساب من لم يستحق، وبه أنت أقوى وأشد حين ينفر منك مَن تضعف نفسه أمام مال يتيم، أو مَن تزلّفَ ونافق بغية ارتقاء على حساب قول حق. يا بُني.. إنك أشد وأقوى حين يَصدقك من هم حولك، أيا كانوا، من قريب أو من بعيد، مسلمين كانوا أم كفارا. العدل يا بُني لن يأتي بجهل، ولن يكون دون عميق فهم ودراية من كل علم. وكل العلم لن يجتمع فيك، لذلك، كن عادلا مع نفسك، وأحسن انتقاء أصحابها أولا، وكن عادلا معهم وبينهم، ليجتمعوا حولك بحكمتهم التي هي عون لك، تعين بها عدالتك..

نظرت إلى السماء أبحر في عمقها، لعلي ألتمس منه مدخلا لأُدرك عمق ما قيل لي. تتباهى النجوم بالظهور شيئا فشيئا، طيف أمي يتجلى بينها منيرا وجهها كالبدر، يكمل طيفها ما اقتُضب من حديثها:

— اجعل من العدل غاية، ومن الجاه وسيلة، فلا يكن سعيك لمنصب لا تقوى على حمل أمانته، ولا تدع مجالا ليتسلل إلى نفسك ما قد يكون شاهدا عليك، لا شاهدا لك، فيتمكن منك ويفتك بك. وبالمثل تماما، كن حكيما باختيار صحبتك وقادتك وأهل الاختصاص ممن تستشير، فلا تختر دون أن تستخير، ولا تعِر شأنا لمن كان قربه منك غاية، وحارب لكسبِ قرب من باعك، وامتنع عن التقرب إليك من أجل كلمة حق صرخ بها، أو من أجل نزاهة فارس حارب لترسيخها. قارب منه وإليه، وإياك إياك أن تبعده عنك. وكن على يقين تام بأن العدل، إن وجد، فستجد ما هو أعدل منه. وإن لقيت الحكمة فلا بد من أن تصادف حكمة أكثر مما لقيت. ومهما شهدت النزاهة، فحتما ستشهد نزاهة أكثر مما شهدت. أما الفروسية، فستبكيك دوما فروسية أخرى، هي أجلّ وأسمى. اسعَ لكمال عدلك ولا تراوغ، وأحكِم حكمتك بروّية ولا تيأس، وكن مُغبِطا لنزاهة النزيه وسابقه ولا تستبقه، ونافس الفارس بفروسية تخجله لا تدينه.

اقتربت مني أكثر، وانحنت واضعة يديها على ركبتي، وقالت بصوت ساكن هادئ يملؤه الدفء:

— بُنَي إسماعيل.. إن الدولة لمفهوم واسع، ففي كل مكان دولة. أنت دولة نفسك، وأنا دولة نفسي، وأبوك وإخوتك وأنت تشكلون جميعا دولة يوسف، واليمامة دولة الأخيضريين، والأحساء دولة القرامطة، والإسلام دولة المسلمين، والعالم دولة الإنسان، ولا يجمع الأطراف كلها في الدولة الواحدة شيء بمثل ما يجمعهم مدى الرضا عن الانتماء لها. فهل أنت قادر على تأصيل هذا الرضا في نفوسهم؟

— كيف لي أن أفعل هذا يا أمي؟

رفعَت يديها عن ركبتي حتى استقامت واقفة، وأجابتني مبتسمة:

— الفطنة، الفطنة! تمعن في الأمور لتتمكن من المفاضلة بينها بحكمة، وانظر إلى صالح دولتك وقدمها أولا وآخرا، على أي شيء وعلى كل شيء.. فاقضِ على مَن ينفع نفسه ولا ينفعها، ولا تلقي بالا لمَن يضر بنفسه ولا يضرها، وكن حاميا لكل مَن ينفع نفسه بنفعها.

"حي على الصلاة.. حي على الفلاح.. حي على الفلا..". فتحت عينيّ، هل كان حلما؟ أستشعر لسعة البرد القارس، وأبصر ظلمة الليل الدامس، علامات تنبئني أن حلمي ذاك

انتهى، وأنني مستيقظ الآن. هدأت فرقعة النار، واكتست برماد يبدو أنه ما يزال دافئا. استيقظت مطمئنا على صوت إدريس البهي، يصدح بالأذان مناديا لدخول وقت صلاة الفجر. رفعت رأسي أحركه يمينا ويسارا، لعل شيئا من زحام أفكاري يسقط فأتخفف منه بذلك. قمت واقفا من مكاني مُلتحِقا بإدريس لأتيمم وأصلي بجانبه، سارحا بفكري، منشغل البال، أفكر: "لله درُّكِ يا مَن جئتِني حتى في المنام ناصحة. رحمِك الله يا مَن أنرتِ البصيرة، وأخمدتِ حُمّى الوتيرة، وكنت لابنك نِعم الأميرة.".

أكملنا المسير قبل وقت بزوغ الشمس بشيء يسير، لم يكن دليل اقترابنا من اليمامة بلوغ بوابتها أو وضوح عمرانها، بقدر ما كنا نتبينه من ازدياد روائح الأطعمة الطيبة التي نشتمُّ رائحتها الشهية بوضوح كلما اقتربنا من قلب اليمامة أكثر وأكثر؛ رائحة تؤجج من جوعي وتشعل فتيل اشتياقي، إنها والله من أطيب النعم وألذ أكل طُعِم؛ رائحة العدس الشهي، نعم الزاد، دافئ في كل وقت وميعاد، ورائحة الرغيف المالح، من فرط جمالها تود لو أنك تتعطر بشذاها. ها هي الخضرمة تتجلى أمامنا، قد بلغنا أرضنا، معقل جدي وأبي، معقلي وإخوتي وأبناء عمومتي، معقل الأخيضريين، مركزها قصرها الذي طالما جمعنا تحت سقفه في ليالٍ ظلماء، وتسامرنا فرحين فيه أياما بيضاء. ها نحن نقترب منه، كم أشتاق إليه وإلى من هم فيه،

عبرنا نشقُّ طريقنا مرورا بالسوق، تتوالى علينا الابتسامات، وتنهمر علينا التحيات من أبناء قومنا، يزداد دفئها كلما اقتربنا من القصر أكثر.

بلغنا ساحة القصر، سعيدين بالسلامة، ومثقلين باللهفة، ترتسم ابتسامة عريضة على شفاهنا، نهفو بها بجناحين يحلقان شوقا إلى الأوجه التي تنظر إلينا، نترقب احتواءها لنا بردِّ التحايا ومبادلة الابتسامة، لكن.. ثمة شيء.. ثمة شيء ما.. أحاول أن أفسر ما أراه بأنه توهم، أو فرط تركيز يغلّبه تعب السفر، إلا أن هلع نظرات إدريس يؤكد لي أن كلينا يجمع على ريبة الموقف. لم تلتقِ عينايَ بعيني أي فرد من الحراس، جميعهم يتحاشون النظر إلينا، مطأطئين رؤوسهم، ووجوههم مسومة بالحزن، نظراتهم مكسورة تطيل النظر في الفراغ البعيد، يملؤها الأسى والغلبة. أمسك الحارس رسن جوادي ليثبته، خافضا رأسه هو الآخر متحاشيا النظر إلى وجهي. وَثبتُ عن جوادي، ووقفت أمام الحارس، رفعت رأسه بيدي أوجّهُ نظره إليّ، فأشاح به عني، وانحنى أمامي يبدي احترامه. فزعت إلى أخي إدريس أقصده بهرولة، شددت يدي على يده ومشينا في طريق واحد، إلى ديوان القصر، حيث أبي. وقبل أن نهم بالدخول إذ بحاجب أبي يتقدم نحونا راكضا في مشيته، مبتسما لنا، لكنه لا يقل حزنا عن غيره. أقبل بالحالِ ذاتها التي لمسناها في بقية الحرس والفرسان، ارتمى بجسده علي معانقا إياي بلهفة، عانقني وقبضة يدي

محكمة على يد أخي أرفض إفلاتها. كانت رجفة جسده وترقرق عبراته واضحة لي. سكتَ طويلا وتعبّر كثيرا، وتنحنح قبل أن يتحدث، كان يحاول أن يخفي عنا اضطرابه، لكن ارتجاف صوته وبريق عينيه فضحاه حين قال لي:

— إسماعيل.. إدريس.. حمدا لله على سلامتكما..

— سلمك الله..

كان ردي هادئا مقتضبا. صمتّ برهة أترقب ما سيقوله لي بعد ذلك، أومأت برأسي أنظر إلى عينيه، واحتدت نظراتي تحثه على الحديث، لكنه كان يتحاشى النظر إليّ، يبعد عينيه لئلا أنتبه إلى بريقهما، يدير بوجهه بعيدا عني لكيلا ألحظ جفاف لسانه وتلاحُق أنفاسه المضطربة. أيقنت أنه هو الآخر يتهرب من الإجابة. رفعت رأسي مستنكرا حاله، وقبل أن أتحدث طأطأ رأسه، وانثنى بجسده، ثم تحرك إلى الخلف، مفسحا الطريق لنا للتقدم. سرى في جسدي تيار بارد، وكأن دمائي تنحدر من علو جبل جليدي، أشعر أن الوقت قد توقف، فرجفته وحزنه البادِيان عليه لا يبشران بخير، أي مصيبة حلت عليهم؟ وما الذي يخفى علينا لنستنكر حالهم هذه؟ ما الذي ينتظرنا بعد ثوان؟ وكم تبدو الثواني طويلة! نفضت يدي من يد إدريس، وقصدت حاجب والدي مسرعا، وضعت يديّ على كتفيه أنفض جسده بكل ما تبقى من قوة جسدي المتعب. كان لهيب أنفاسي يشتعل

زفيرا وشهيقا في وجهه لفرط توتري، تتقافز نظراتي بين وجوه الحرس، ثم تعود إلى إدريس تائهة تبحث عما يطمئنها، لكنها تعود إليه خاوية الوفاض، فلا تجد منه هو الآخر ردا. توقفت يداي عن الحركة، وبقيَتْ شادة على كتفيه. أحكمت لجام توتري بكامله في قبضتي عليه، مطبقا أسناني على بعضها من شدة التوتر والقلق، جاهدت نفسي للتحدث باتزان، رفعت رأسي أحاول أن أوجه الحديث لجميع من يصطفون من حولي، وقلت بصوت يملؤه التجهم:

— ما الذي حصل؟ ما بالكم! وما حالكم هذه يا عبدالرحمن! هل حصل شيء يستدعي الاضطراب الذي يوسم به وجهك أنت وحرس القصر؟

رفع رأسه، وفتح فمه لينطق مجيبا إياي.. "آه..". ثم سكت! لكنه لم يخفض رأسه هذه المرة، بل ظلّ يحدق في عينيّ، وقال:

— سيدي الأمير بانتظاركما، وهو من سينقل لكما الخبر.

أسرعنا قاصدين ديوان القصر، حيث والدي، ولم نكن نعي سرعة حركتنا، أمشيا أم هرولة أم ركضا كانت. أثناء ذهابنا إليه، تحديدا في تلك اللحظات التي تفصلنا عن لقاء والدي، شعرت، من فرط توتري، أن طريق الأحساء كان أقرب إليّ من هذا الديوان. وصلنا هناك نجر الوقت لهثا. فُتح الباب وإذا بوالدي يوسف يتوسط صدر الديوان، لمحته قبل أن يكتمل فتح الباب

إذ كان يجلس قبالته مباشرة، ويصطف إخوتي جلوسا من حوله، عن يمينه وعن يساره. يبدو الجميع بخير، لكن.. لماذا يحدق الجميع في الأرض؟ رفع والدي رأسه ببطء، نظر إلينا، وعصفت نظرته بنا أيما عصف.. كانت حاله مريبة رهيبة مهيبة! فرحا وحزينا في الوقت ذاته، مبتهجا ومنكسرا، مغتبطا ومستاء، مرتاحا وقلقا، يبتسم فتتلاشى ابتسامته على الفور، مزيج متناقض من المشاعر! تفيض من ملامحه وتُطفئ دفء عينيه. رفع إخوتي رؤوسهم إلينا بتناوب، ثم اعتدلوا واقفين، وسكنوا واجفين في أماكنهم، كأنهم بحالهم تلك يترقبون لحظة سيقال بها شيء قد انتظروا ميعاده. اقتربت من والدي، وقلت له:

— السلام عليكم ورحمة الله وبركاته..

ألقيتها بملء فمي، ومن خالص قلبي راجيا أن يُلقى السلام على أبي، إخوتي، وخضرمة بأسرها، تعويذة يتبدل بها حالهم التي تكاد تمزقني إلى أشلاء. لكن مناي هذه لم تتحقق، فها هو والدي ما يزال يرمقني بالنظرة ذاتها، لم تتغير حاله، ولم تتبدل ابتسامته الحزينة، بل طالتني بهدوئها وسكناتها. ردّ عليّ قائلا:

— وعليكما السلام ورحمة الله وبركاته يا ابنيّ.

انحنيت بجسدي احتراما له، وأخفضت رأسي قاصدا تقبيل يده، فرفع وجهي، وجذبني إلى حضنه يعانقني عناق هلع، عناقا

أشعر بأثره حتى هذه اللحظة على صدري. انهالت دموعه حتى بللت منكبي، وهمس لي وسط دموعه:

— إن محمدا يطلبكم الحلّ، والدعاء، والذكر الطيب، فلا حول ولا قوة إلا بالله العلي القدير.

اسودّت الدنيا في عيني، تشنج جسمي وضاق عليّ المكان برحابته. أكاد أختنق، أبعدت والدي عن حضني بيديّ أبحث عن سعة. أرفع ناظري إلى السقف، ثم أتلفت، أريد الخروج، أود لو أن لي طاقة للركض، لأعتلي صهوة مهير وأجري به بعيدا عن كل هذا. لكني فقدت شعوري بأطرافي حتى تعذر على رجليّ حملي، سقطت على ركبتيّ إلى الأرض، وبدأت أفقد الشعور بكل ما هو حولي شيئا فشيئا. كنت لا أسمع إلا صفير أذني، وارتداد صدى صوت أبي باسم محمد. لا أظن بأنني كنت مدركا للمصاب الجلل حتى بعد سماعي للخبر، فقد كنت متعلقا في حبل التكذيب، ومشككا في حقيقة الأمر، بل إني، وقتها، رجوت الله أن يلطف بي ويوقِظني من هذا الكابوس في أقرب وقت ممكن. لكنه لم يكن كابوسا، أنا مستيقظ، وهذا واقع وحقيقة، لم تدمع عيناي بعد، المشاعر في داخلي تبحث عن فرصة للإنكار، لست حزينا، أنا أحاول إدراك فقدان أخي في هذه اللحظة، أدرك أنه لا يصطف بين إخوتي الآن، وأنني سأرتمي في كل حضن إلا حضنه! كيف! ومتى! ولماذا! لا شيء غير الأسئلة تزاحم شريط الذكريات الذي غزاني فجأة! فلا أرى شيئا إلاه في تلك اللحظة، سلسلة الذكريات

مع محمد، تعني سلسلة ذكريات عمري كاملا، يجر آخرها أولها؛ محمد يمازحني هنا ويضربني هناك، يسعدني ويغضبني، محمد الطفل البسام الشقي حين كنا صغارا، ومحمد الرجل الفارس الذي تفاخر به كل رجالات اليمامة. طيف بسمته، ونغم ضحكته، وغضبه الجميل، مراوغاته الظريفة لوالدي في بداية شبابنا، ومشاحناته اللطيفة مع نبلاء اليمامة، ينتهي دائما ساخرا مُسترضيا لمن يقابله، كاسبا قلبه. كم حدثته أن له من اسمه وافر النصيب. محمد حمدنا الدائم الكثير، المثنى عليه، المشكور، المفضّل، كثير الخصالِ الحميدة، المرضي في أفعاله، فهو الجزل الذي لا يُحمد مرة واحدة إنما يُحمد مرات ومرات عدة من عظمة أفعاله. ما حال دنيانا بعده؟ ما حالي أنا؟ كيف تلقت زوجته الهائمة بحبه هذا الخبر؟ ما حال قلبها؟ ما حال أبنائه؟ هل جفت مآقيهم من البكاء؟ وما هو مصيرهم؟ وما حال قادة محاربيه الذين نعموا بقيادته واحترامه وتقديره، وتقديمه لهم على كل شيء، حتى نفسه! كيف تستقيم معنوياتهم بعده؟ كيف تكون حالنا جميعا من بعد محمد!

هذا الملأ خواء، مصابنا جلل وفقدنا عظيم، وفاجعتنا حلت غلبة لنا وطامة علينا. خيالاته الطيبة وكلماته الحانية ومواقفه النبيلة تتردّد في رأسي، تواسيني وتثيرُ شجوني، تذكرني بأن كل شيء سيبدو ناقصا دونه، وكل طعم سيفقد لذته بغير وجوده. تذكرني قبل وقوعها، وأعلم حق اليقين أن زوايا الوقائع لم أدركها

بعد. بدأت أستفيق، وأخذت تلك الغمامة السوداء تنقشع شيئا فشيئا. ها أنا أبصر جميع الوجوه من حولي، فلا أرى محمدا، هدأت حدة صوت صفير أذني، وارتفع صوت جموع أخوتي ومن بينهم أبي يرددون: ".إليه راجعون.. قدر الله وما شاء فعل.. عليكما بالدعاء له.. أن يبدله الله دارا خيرا من داره.. وأهلا خيرا من أهله.. ويسكنه الجنة.. ويعذه من..". دون صوت محمد، ولا سخريته ولا ابتسامته المطمئنة. محمد مات حقا، وأنا الآن أعيش ساعتي الأولى بعد فقد أخي، هذه الساعة التي أكاد أسأل فيها سؤال أهل الكهف حين قالوا بعد مئات السنين "كم لبثنا". وقفت على رجليّ، أحاول الاعتدال، وقفت دون أثر لدمعة واحدة في وجهي، صامتا لم أتفوه حتى بكلمة واحدة، ولم ينشغل بي أحد من فرط سكوني وسكوتي. توجهت إلى إدريس، وحاله نقيضة لحالي تماما، كان إدريس يبكي منصاعا للحزن، مسلما للأمر بكل ما فيه. رفعته من وسط جزعه وصياحه، وبدأت في تهدئته. وحين هدأ وضعه واستقرت حاله، طلبت من الحراس إغلاق باب الديوان. وحالما أغلقوه نظرت إلى والدي، كان وجهه ما يزال مبتلا بالدموع، تسحّ منسابة من عينيه بحزن وتسليم تام، فلا هو يكفكفها، ولا هو يحاول إيقافها. تنحنحت، ثم قلت موجها كلامي إليه، غاضا طرفي عنه، إجلالا لهذه الدموع التي لا أقوى على رؤيتها:

— قدّر الله وما شاء فعل، نسأل الله العلي القدير الرحمن الرحيم أن يتغمده بواسع رحمته.. عظم الله لك الأجر يا سيدي الأمير، عزاؤنا لك، ولزوجته وأبنائه، ولإخوته ونحن منهم.

ثم توسطت الديوان، وبدأت بالدعاء له بصوت عال، رجوت في علوه أن يطرق أبواب السماء؛ طمعا في استجابة الله، ورجوت، كذلك، أن يلمس صداه قلب أبي وقلوب إخوتي واحدا واحدا، فيواسيهم ويمسح على قلوبهم بالصبر والسلوان. دعوت راجيا أن ينظر الله إلى جمعنا الغفير بخير، ودعوت متأملا أن يكون ثمة واحد منا يفوقني خيرا، ويراه الله خيرا منا فيستجيب له، مجيبا تأمينه بالدعاء.. ختمت دعائي: "وصلِّ اللهم على محمد وعلى آل محمد.. وآخر دعوانا أن الحمد لله رب العالمين..". مسحت وجهي بكفي، ورفعت رأسي أتفقد حال أبي وإخوتي، فاستبشرت إذ بدت العزيمة والطمأنينة بينة على وجوههم. أدركت حينها أني أطفأت لهيب قلقهم عليّ ببردة فعلي هذه؛ فاضطرابهم المسبق، وتزعزع سكينتهم خوفا من ردة فعلي تجاه هذا الأمر، كان جليا وواضحا بالنسبة لي، ولعل سبب ذلك هو معرفتهم ويقينهم بعظمة مكانة محمد في نفسي. استقر والدي جالسا وإخوتي من بعده، ودون أن يكتمل جلوسهم جميعا، خاطبت أبي قائلا:

— ما الذي حصل يا سيدي الأمير؟ هلاّ تكرمت عليّ بشرح الأمر بالتفصيل؟

— أمر لم يكن بالحسبان، ولم أره إلا ضربا من محال، لكنه قد حصل.. اسمع يا بُني.. قبل بضعة أشهر، حينما كنت أنت وأخوك إدريس في الأحساء تنفذان أمري ومطلبي في تقصي شؤون القرامطة، تمردت بعض القبائل في الوشم، وتحديدا بالقرب من مرات. كان سبب تمردها انصياعا واستجابة لإمرة قادة أتراك الحجاز من جانب، ولقادة القرامطة من جانب آخر. وكانت لتمردهم أشكال وأحوال يا بُني، ما بين نهب وامتناع عن دفع الزكاة، وما سوى ذلك من الأمور الأخرى التي لا أحصي لها عددا أو مثلا. حينها يا إسماعيل، ونتيجة لتفاقم الأمر، ما كان مني إلا أن أوكلت الأمر إلى محمد وجنوده لوضع حد لهذا الأمر؛ لثقتي من أنه سيحسم بذلك وينحسر. ومضت أيام فشهر، وبعد الشهر شهر آخر. ومن بين مائة جندي وقائد واحد، عاد إلينا جندي واحد من جنود محمد. دخل علينا مُضرّجا بدمائه، يتقاطر الدم من جسده، وكان نتاج المعركة يا بُني، فقد قال لنا إن ابن تميم وجنوده كانوا على علم بقدوم محمد وجنوده، فغدروا بهم في ليلة ظلماء، وفتكوا بجمعهم قبيل هجوم محمد على قبائل الوشم. كان الجندي يصف لنا المعركة بنبرة ملؤها الأسى، تبدو عليه آثار الألم والمعاناة. لقد كانت المعركة بينهم دامية، قتال وحشي، وغدرة عدو لئيم، استُشهد بها محمد وجنوده، ولم يبقَ من جنود زاخر بن تميم إلا قلّة جرحى لا يتجاوزون في عددهم أصابع اليد الواحدة.

— عجبا! وكيف تمكن ابن تميم من معرفة نية محمد بالهجوم؟

— ما شهده هذا الجندي ورواه لنا هو أنه تبيّنَ وجود حكيم في أرض المعركة بعد انتهائها، كان حينها يعالج أحد جنود زاخر.

— وما علاقة هذا بالأمر؟

— عاد الجندي إلى القصر مرة أخرى قبل أيام وقال بأن ذلك الحكيم يُدعى ميخائيل، وقد رآه قاصدا دارا في اليمامة.

— هل قصِد ميخائيل بنيامين؟ هل يعقل ذلك!

— نعم يا إسماعيل، وهو الآن في سجن القصر، مُحتجَز إلى أن يعترف بفعلته!

* * *

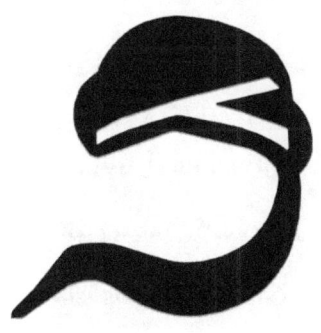

الفصل الثالث

أنا زاخر.. أنا ابن تميم

فتحت عينيّ بصعوبة، تداعبني أشعة الشمس المتسللة خلسة من نافذة الزنزانة، لا شيء غير هذه الأشعة الحانية يذكرني بأن الأمل حي لا يموت، وأن بصيص إشراقته قريب، كقرب هذا الضوء ويسر وصوله لشق طريقه إلينا هنا. لا أشعر بأي جزء من جسدي، بل لقد تعديت مرحلة الألم. أظن أنني الآن تحت أثر خدر ذلك الوجع الذي صرخت منه ليلا ونهارا. أجهل كم مرة أغمي عليّ فيها بعد ضربة سوط أو صفعة باطشة، أجهل عدد إفاقاتي واستجدائي لحفنة ماء. لم أعد أعلم كم لبثنا في هذه الزنزانة، فقد فقدت قدرتي على تعداد الأيام وتقصي شروق الشمس من غروبها، أجهلُ معها عدد الأيام التي انقضَت وأنا وميخائيل معلقان على حالنا هذه، أهذا يومنا الثالث؟ أم الرابع؟ لم يكلف الحراس أنفسهم لتفقد حالنا ولو لمرة واحدة، كانوا يأتون لإتمام مهمة الضرب والتعذيب ليس إلا، ثم يغادرون بضمير ميت، يأتون ليلا أو نهارا، فلا ميعاد يبدو محددا لهم، ولا وقت نركن إليه لحلول السكينة والطمأنينة دون الفزع من ترقب مجيئهم. في كل وقت كنا نتوقع دخولهم علينا، ونضطرب لأي صوت يقترب، نأمل ألا ينتهي وقع خطواتهم هذا بِهم إلينا. لا نزال على قيد الحياة، لكننا لا نعرف مصيرنا، كما لا نعرف حتى هذه اللحظة ما الذي يريدونه من ميخائيل، وأكاد أجزم أنهم لا يتذكرون أنني أتيت هنا بسبب ذنب افتعلته، فهم

يجتهدون في ضربي كما يجتهدون في ضرب ميخائيل؛ أعني بالقدْرِ ذاته.

انطفأ نور أشعة الشمس، وخفَتَ نورها الساطع، يبدو أن الجو غائم اليوم. أنزلتُ رأسي أتأمل جسدي، معلق من أطرافي بوثاق حبال مشعرة، تثبت ذراعي للأعلى بذلك الحبل المعقود بحديدة مغروزة في أعلى الجدار، فيما رجلاي متباعدتان ومثبتتان بحبال محكمة بحدائد أخرى مغروزة في أسفل الجدار. تفوح من هذه الزنزانة رائحة نتنة، ولست متأكدا إن كانت رائحتنا أم أنها من طبيعة المكان وأصله، رائحة كريهة على نحو لا يوصف ولا يطاق، لكنني، ومن شدة اعتيادي تلك الرائحة، لم أعد أستنكرها بعد الآن، إلا أن تأثيرها مازال شديدا على جسدي، فلا تتوقف أمعائي عن استرجاع تلك الفضلات كلما هاجت نفسي ارتياعا من نتانتها. مضت أيام علينا ونحن على حالنا هذه، نتلوى من شدة الجوع، ويُغمى علينا من شديد الظمأ، ولا شيء غير هذا الالتواء المؤلم والفراغ المملوء بالهواء، لا طعام ولا ماء، ولا أي شيء يلبي متطلبات أجسادنا المنهكة، وكل ما يتبع هذا التعب من ردات فعل يأتي بشكل غير إرادي، تحدثه أجسادنا دون أدنى سيطرة منا؛ إذ يخرج منا ما يُطرد دون أن نشعر أو نكترث اغتماما به. ورُب ضارة نافعة، فمن لطف الله وحكمته أن فقداني لذراعي كان رحمة بي، إذ عتقها ذلك من ألم التثبيت كحال ذراعي الأخرى، ولكن الرأفة

المبتورة من قلوب أولئك الحراس لم تثنهم عن تثبتي على أي حال وبأي شكل، فكان الحل المرتجل الذي لم يتوانوا عن التفكير في جدواه من عدمه، أن يتخذوا عنقي بديلا لذراعي ومكانا يشغل الطرف الآخر لتثبيت وثاقي بحبال ذلك الجدار. والحمد لله الذي لا يُحمد على مكروه سواه، فبالرغم من كل ما أصارعه هنا إلا أنني أحمده سبحانه كلما أفقت وكلما غفوت أن نجاني مما كنت فيه، وألقى بجسدي في راحة ألم أحنّ وأرحم من ألم جروح تلك المعركة الدامية، تلك المعركة التي لم أشهد لحوادثها وآلامها مثيلا، ولن أشهد بعدها ما يقارن بها. وإن كان للجسد ألم وأنين فللروح والقلب ألم يحول دون تعافي الجسد، بل ويذهب بعافيته، ووالله إن هذا الألم الذي يعاني منه جسدي ويعبر عنه تنمل أطرافي الآن، لا يقارن بألم كسر قلبي على حال ميخائيل. فإن كانت حالي يرثى لها مرة، فإن حاله يرثى لها ألف مرة ومرة، يقاسي ميخائيل ألم الضرب والتعذيب مضاعفا بألم الحيرة والتكذيب بما حل به، يصيح من الألم أحيانا، ويصب جام غضبه بالصراخ والأسئلة أحيانا أخرى، تعذبه حيرته، ويضربه سوط الاستفهامات، فهو لا يعرف سبب رميه في هذا السجن، إذ الأمر بالنسبة إليه فضول وألم آخر يلتهم عقله وفكره قبل جسده.

صوت يقترب من بعيد، يبدو أنه صوت وقع أقدام الحرس ينبئ عن حضورهم، لعلهم تفرغوا الآن لممارسة هواياتهم

الخاصة بالضرب والتعذيب. تبادلت مع ميخائيل النظرات الصامتة مدركين قدومهم، مستعدين لعمل اللاشيء، اللاشيء الذي بتنا نتقن عمله مؤخرا أيما إتقان. اقتربوا أكثر وبدت لنا أصواتهم واضحة، لكنها تبدو مختلفة هذه المرة! أصوات أشخاص لم نألفها من قبل! رفعت رأسي متأهبا لشيء مختلف، تلك الأصوات وأسلوب المحادثة التي سمعت منها ما سمعت جعلتني أدرك أن ما يفصله عنا هذا الباب ليس ضربا آخر، بل أمرا أكبر من ذلك بكثير. فُتح الباب وإذا بمجموعة لا يرتدي أفرادها زي الفرسان أو الجنود، دخلوا علينا، جماعة من الوجهاء يظهر لنا من لباسهم أنهم من النبلاء وعليَة القوم، ذوي هيئات ومنظر حسن أنيق. اقترب أحدهم من ميخائيل، وهبت بتحركه نسائم رائحة طيبة زكية فاحت منه وانتشرت في الأرجاء، بثت تلك الرائحة بعبيرها روحا وعبقا لم نشهده في المكان من قبل. رفع ميخائيل رأسه إلى ذلك الرجل وتغيرت ملامح وجهه فجأة، يبدو أنه يعرفه حق المعرفة، أطال فيه النظر ورمقه بابتسامة، لكنها لم تكن ابتسامة تحدٍّ، ولا ابتسامة بهجة، بل كانت ابتسامة عتاب، تحكي كثيرا من الكلمات المتوارية خلفها. ظلّ ميخائيل مبتسما في وجه ذلك الشخص، وقال له:

— أهذا هو جزائي يا إسماعيل؟

أدرت وجهي بسرعة، لم أستطع إخفاء هلعي، فقد راعني ما سمعت! احتدت نظراتي حتى كادت أن تُخرج عينيّ من محجريهما لهول فزعي، هل حقا ارتميت إلى هنا بإرادتي؟ هل أتيت بنفسي عمدا إلى معقل الأخيضرين؟ هل يقف أمامي إسماعيل ابن أمير اليمامة يوسف الأخيضري الآن! ولسوء الحظ، فإن قيد الحديد المحكم على عنقي أحدثَ صوتا لافتا حين أدرت وجهي ملتفتا، فأحاطني الجمع كلهم متنبهين لفزعي. اقترب مني إسماعيل يرمق نظراتي الحادة، وقال ببرود وهدوء تام:

— ومَن أنت يا ترى؟

أأجيبهُ عن أمر ما سافر عن ضميري إلى شفتي! لم أشأ أن أبوح أو أن أكذب، فطال صمتي، ولم أبادله الحديث بغير الصمت، مثبتا نظري إلى عينيه، متفرسا حاله ومتأملا هدوءه، أحاول أن أستمدّ منه شيئا يضبطُ هلعي، لأحكم هدوء ملامح وجهي أنا الآخر. وما إن هدأتُ، متحكما باضطراب أنفاسي، عازما على عدم الرد، لم يلبث إلا ثواني قليلة حتى صرخ بي:

— سألتك مَن أنت فأجبني يا هذا!

بقيت ساكنا، لم أعر نزوة هدوئه أي اهتمام، ولم أنوِ إجابة سؤاله بحرف واحد، فاستبق الحديث أحد أفراد الجماعة الذين دخلوا معه قائلا:

— صادفوا وجوده في دار ميخائيل، مُلقى على سرير يتلقى علاجه، لكنه لم ينصع لأمر قائد الفرسان المكلّف بجلب ميخائيل، فأمر بأخذهما معا.

التفت إسماعيل إلى الرجل الذي قاطعه، وقال:

— أي أمر هذا؟ وأنّى له أن ينصاع لطاعته وهو ملقى على سرير!

فتحدث رجل آخر من الجمع ذاته، يقف في آخر الزنزانة حتى إنني لا أكاد أراه، قائلا:

— لقد بصق في وجه القائد، ثم إنه حاول قتله، وحين همّ القائد بردعه، لم يتوانَ عن إهانته وإهانة الدولة الأخيضرية أمام الجنود، وهذا بحد ذاته خروج على ولي الأمر.

تسارعت ضربات قلبي حتى بت أسمعها بوضوح، وأوجست في نفسي خيفة، فقد كان الدم يتدفق في عروق رأسي بسرعة، أحاول أن أركز لأتمكن من رؤية وجه ذلك المفتري، لم يكن يقف في الخلف صدفة، فقد كان يحاول إخفاء ملامح وجهه قدر استطاعته، متعمدا ذلك. يقف في أبعد جهة من النور المتسلل للزنزانة، يغطي فمه بوشاحه، يتوارى عن النظر، ويقصد أن يتخفى! رفعت رأسي لأقصى مدى ممكن كي أراه، فالتقت عيناي بعينيه، وما إن رآني ألمحه حتى اضطربت حاله، وغادرتهُ سكينته، تبدلت ملامح وجهه من

اطمئنان المتخفي إلى هلع المفضوح، المكشوف أمره، بات الخوف ملء ضلوعه هاتكا حجاب قلبه، واكتسى وجهه بلون العار والخزي والخجل. اضطرابه هذا أكّد لي أنني أعرفه، فأنا أميز تلك العينين السوداوين، وأذكر هذين الحاجبين الغليظين، وقد رأيت جرح الأنف هذا من قبل. أعرف هذه الدمامة، وأعرف صاحب ذلك الوجه القبيح، وقد التقيت به من قبل، إنه.. إنه هو! ذليل! وضيع! إنما فعل ذلك بلؤمه وخسته ودناءته وسفالته! فلا عجب في أن يُحدث سببا، وينسج حدثا ليُطيح بي، ويفتك بحياتي. الآن فقط، وبعد أن أدركتُ هويته، عرفت سبب افترائه، شخص كهذا يعرف حق المعرفة أن حياته متوقفة على ما أقول. ولكن، له مهلة دون إهمال، فلم يحن الوقت بعد!

إن ما شهدته في هذا الموقف لهوَ طامة كبرى. إدراك لوضع جسيم ومصاب عظيم. وفي هذا أمارة جلية وبينة سافرة عن حال لا تسرّ. شخصت بنظري مذهولا، إذ رابني الأمر وتجاذبتني فيه الظنون، هل هذا الشخص، بما هو عليه من وضاعة نفس، يُمثل طبقة الوجهاء المقربين من قيادة الدولة الأخيضرية؟ وكم شخص من هذا الجمع يشبه خبث سريرته يا تُرى؟ كيف يمكن لشخص غارق في سياساته الملتوية ومنشغل بنسجِ افتراءاته المفتقدة لمعاني الفروسية، أن يكون أحد المناط بهم رسم وجهة الدولة الأخيضرية؟ الآن اتضحت لي الصورة كاملة،

بتفاصيل كنت أجهلها، فلا عجب مِن وجود مَن لا يرغب بالانتماء لهم إن كانت هذه هي حالهم. في تلك اللحظات، كانت مشاعري ممزوجة بالذهول والرضا؛ شعور الذهول من تمكين هذا الوضيع، وشعور الرضا من النتيجة التي شاء القدر أن أشهدها بأمّ عيني. نعم، كنت منتشيا بانتصار رأيي المسبق بهم، وتأكدي من صواب نظرتي فيه، فأنّى لوضيع كهذا أن يفتري كذبا على إنسان بمثل حالي في حضرة ابن الأمير! كيف يجرؤ على الكذب والافتراء بدم بارد أمام سيد قومه! وكيف لشخص يتخلق بصفات كهذه أن يُمكن بمنصب كهذا؟ أي دولة هذه؟ رشقته بنظري، وبقيت سارحا فيه أرمقه في مكانه البعيد، وأصب جام غضبي في نظراتي تلك، أتملّى في ملامح وجهه، إلا أنني لم أكن أتأملها، فقد أخذتني الأفكار بعيدا عنه، تتنازعني الشكوك، ذاهبة بي في صولات تعمق وجولات تفكر، أحاول منها إدراك حال هذه الأمة، واستشعار ما قد وصلت إليه من فساد وكساد وظلم أذهبَ النور عن أراضيها.

قطع صوت خطوات إسماعيل حبل أفكاري الذي أبحر بي بعيدا عن المكان الذي أنا فيه. يسير متباطئا في خطواته، متجها نحوي، هل كانت شواهد حالي ناطقة؟ لعله لاحظ ما تلونت به ملامحي من تعابير استنكار واشمئزاز، فمن فرط ذهولي بما شهدته لم أُحكم ردة فعلي، مهملا اهتمامي بوجوده ووجودهم جميعا، مطلقا العنان لحدة نظراتي وإبحار فكري من دون أي

مراعاة لانتباههم مِن عدمه. إقبال إسماعيل عليّ بهذه الطريقة وبهذه النظرات يعكس لي أمرا واحدا، وهو ملاحظته لتلك النظرات التي تبادلتها مع ذلك المفتري. اقترب مني بالهدوء ذاته الذي اصطبغ به تحركه، في تؤدة وأناة، وقرّب وجهه إلى أذني، ثم همس بصوت خافت لا يمكن أن يسمعه أحد غيري، وقال:

— اعلم يا هذا شيئا لنفسك، لكي لا يُجهل عليك لجهلك به، أني ومن مقامي هذا لست شخصا يلقي بالا لافتراء ضعاف النفوس، وأني وفي الوقت نفسه، لست شخصا يقبل بأن يكون هو أو أحد ممثليه محط نظرات شفقة، وإن كنت دقيقا فالتي ظهرت على وجهك أعني. واعلم أنه إن كان لك حق عندنا فستأخذه، وإن كنت قد ظُلِمت، فثق أننا سنرفع الظلم عنك بما يعوضك. أمّا إن كان لنا حق عندك، فلا أظن أن لحكمة صمتك صوت اعتراض على أن نأخذ منك ما هو حق لنا. فلا تطيش سهم ظنونك.

تبدلت حالي وتلاشت تعابيري الحادة التي كانت قد علَت وجهي واستفزت إسماعيل حتى يقصدني بقوله هذا. كلماته ورسالته جاءت بردا وسلاما على نفسي، كاسرة حدة نظراتي ومطفئة من لهيب شعوري المستعر في داخلي. إلا أن الفضول بات جليا واضحا على جميع من في الزنزانة بمن فيهم ميخائيل، إذ تبدّلت حالهم، واحتدت نظراتهم، وزاغت أبصارهم،

يتربصون بي بحثا عن ردة فعل تشي لهم بشيء مما همس به إسماعيل لي وكان سببا في تغيّر حالي. لم يطل الصمت كثيرا، ففجأة، رفع إسماعيل رأسه مثبتا نظره بعينيّ ميخائيل، مخاطبا إياه بحزم:

— هل تعلم لماذا أنت هنا يا ميخائيل وبحالك هذه؟

لم نلبث لحظة واحدة تفصل الرد عن السؤال، فقد كان ميخائيل يترقبه بفضول، وبوده لو أتيحت له فرصة ليطرحه هو بنفسه. أجاب ميخائيل بسرعة كبيرة، وبلهفة المناجي لوعة وحيرة مما هو فيه، فقال:

— لا والله يا إسماعيل؟ ليتني استطعت أن أُرضي فضولي الذي استمر أياما يأكل عقلي دون بلوغي لنتيجة أميز بها السبب!

التفت إسماعيل إلى جمع الوجهاء الذين صحبوه في دخوله إلينا، وأشار بيده إلى الخلف، إشارة لهم بأمر انصرافهم، فانحنوا أمامه وانسحبوا للخلف واحدا واحدا، لنبقى أنا وميخائيل وإسماعيل وحدنا في تلك الزنزانة، لعله الآن سينفرد بنا! ولست أعلم إن كان ذلك خيرا لنا أم شرا. وبعد أن انصرف آخر واحد منهم، تحرك إسماعيل نحو الباب ليغلقه. أغلق الباب، ثم ذهب قاصدا ميخائيل، وخاطبه قائلا:

— أتعرف المستحيل الذي لم أفكر فيه يوما يا ميخائيل.. ها قد وقع. أخبرني كيف تسببت في قتل أخي محمد؟

نزلت تلك الجملة كالصاعقة على سمع ميخائيل، ففزع وبدأ يحرك يديه وجلا، وينفض جسده. كان صوت قعقعة الحديد طاغيا على صراخه، فلم يستقر من شدة الفزع! صرخ وبكى في الوقت نفسه، وتجلت ملامح الحزن والصدمة بينة على وجهه، كأنه تلقى خبر فقد أخ له، أو نديم يعادل مرتبة الأخ. صاح وسط جزعه قائلا:

— مات محمد؟ كيف؟ ومتى؟ وأين؟

كيف، ومتى وأين. كانت هذه أسئلة ميخائيل بعد تلقيه الخبر، أسئلة لم تقتضِ استفهاما واحدا يختص بمسألته هو؛ أعني الاتهام الموجه له، بل كانت أسئلة مفزوع يكذّب الخبر، ويستفسر عن تفاصيل حقيقته، مستنكرا وقوعه. خفضت رأسي محاولا إخفاء صدمتي أنا الآخر، متسائلا، هل يعقل أن يكون لميخائيل النزيه الحكيم علاقة بالأمر؟ كيف يجمع شخص بين نقيضين؟ أيحسن إليّ وينقذ حياتي وفي الوقت نفسه يقدم على فعلة كهذه متعمدا قتل إنسان؟ ثمة حلقة ناقصة في هذه السلسلة، تؤخرني عن فهم ما يجري. أمعنت النظر في كل منهما، مركزا في الحوار الذي أكمله إسماعيل قائلا:

— إن كنت تسأل عن الكيفية، فالإجابة هي تلك الأعشاب التي عالجت بها محمد قبل سنة، لقد تسببت في تسميم جسده بالكامل، وبقي يصارع المرض مدة طويلة، حتى توفي مسموما، تاركا وراءه أهله وقلوبا ثكلى. إن ما قمت به يا ميخائيل يعد ظلما، ولن يطفئه إلا قطع رقبتك لإحقاق الحق وإتمام العدل.

ارتخى جسدي بعد سماعي لرد إسماعيل، فقد تلقيت إجابة لأحد استفهاماتي، ولعله أهمها. فما أسفرت عنه الدلائل وشفّت عنه القرائن هو أن إسماعيل كان يكذب في حديثه، بل ويفتري على ميخائيل بهدوء تام، وبثقة تنطق بها سكينته قبل كلماته. ولكني صنفت ذلك الافتراء بكونه حيلة حاكها إسماعيل لإثبات حقيقة الأمر، لا بدافع وضع الظلم بل رفعه. ونادرا ما نرى العدل على هيئة باطل يراد به حق. خفض ميخائيل رأسه باستياء. لم أكن مدركا سبب استيائه بعد، أتراه مراوغ ماكر؟ أم مكره مظلوم قد استحق كذبة إسماعيل عليه؟ ثم أردف ميخائيل قائلا:

— ما تقوله يا إسماعيل لا يقبله عقل عاقل. وإنه والله مما يعزّ علي شكك فيه، فعلاوة على المحبة والمودة التي أكنها لأخيك محمد، والتي كان يبادلني إياها، فإن الأعشاب التي عالجته بها هي ذات الأعشاب التي عالجت بها زوجته في الوقت ذاته، إذ إنها كانت تعاني من المرض نفسه. فإن أصابها شيء

هي الأخرى كما أصاب محمد، فإن اتهامك صحيح، وظلمي لهما واقع لا تشكيك فيه، وأكون بذلك مقرا لاستحقاقي القصاص، مرتضيا لما تحيلونني إليه، وبما تحكمون فيه، أما إن لم يكن قد أصابها شيء، فوالله إنكم قد ظلمتموني.

خفض إسماعيل رأسه، وأتبع كذبته بكذبة أخرى متمما إياها، أراد بها إحقاق الحق كاملا، فقال:

— للأسف يا ميخائيل، فزوجة محمد توفيت بعد مصارعة المرض نفسه، مسمومة هي الأخرى.

رفع ميخائيل رأسه متحسرا، وفاضت عيناه بالدمع، واتّشحت بمسحة حزن تنفطر لها القلوب، وقال:

— إذن هذا والله ابتلائي وقسمتي. وإني، وإن صدقت نواياي، فقد قصرت في عملي. اعدل يا إسماعيل، وأحقَّ الحق بالقصاص، لعلي أكفر بذلك ذنبي، وأقابل ربي وقد دفعت ديني هذا.

قبول ميخائيل للأمر ومجاراة إسماعيل له وصولا لهذا الاعتراف يؤكدان لي أمرا واحدا لا ثاني له؛ أمرا تيقّنت منه، وهو أن ميخائيل بريء، وليس له علاقة بمقتل محمد البتة، لا عمدا ولا خطأ. ومن ذلك أدركت أن زعم إسماعيل ذاك لم يكن بقصد الظلم، بل إنه نسج تلك الحبكة بقصد إحقاق الحق، وإثبات استنتاجه المتضمن تبرئة ميخائيل من تهمة مقتل

أخيه محمد. شعوري بهذا كله، وتيقني التام منه بحدسي وتحليلي للموقف كاملا أكسبني راحة وطمأنينة كنت بحاجة ماسّة لها، لاسيما في وضعي المجهول هذا. رفعت رأسي للسماء، وتنهدت بأريحية، أهمهِم في نفسي حامدا الله تعالى لحكمته ولطفه بنا. ومن فرط فطنة إسماعيل وتنبهه، لم يخفَ عليه ارتياحي، فقد بات ظاهرا له دون قصد مني بنية إظهاره. في تلك اللحظات، أنزلت رأسي، والتقت نظراتنا. تفرسني بنظرة إدراك تام، علمت منها أنه شعر بإلمامي وفهمي لما يقوم به. كان إسماعيل لمّاحا، سريع الإدراك، يكتفي بالإشارة. بيني وبينه انسجام وتناغم لا مثيل لهما، كلانا يفهم ما يعنيه الآخر بنظراته ولغة جسده، دون أن نطيل الشرح والتفسير، ونسهب في كلامنا، تُجاب تساؤلاتنا اختزالا في تلك النظرات التي قد تعبر بين البعض بلا قيمة أو معنى، بينما هي جملة وكلمة يكون بها الفيصل، ويختزل فيها المضمون، نظرات نتبادلها ونطوِّع بها المعاني، وبيننا ميخائيل كبيدق يتحرك ضمن تلك المراوغات المتبادلة بين كل منّا. اقترب إسماعيل مني مرة أخرى، تمتلئ ملامح وجهه بالفضول، وظلّ يرميني ببصره بتمعن دون أن يخاطبني بكلمة واحدة. وبينما هو واقف أمامي فاتر النظر، وجّه حديثه إلى ميخائيل، وسأله قائلا:

— نعم يا ميخائيل، بما أنك سلمت أمرك، وقبلت مصيرك، فقل لي الآن، من هو ثالثنا هذا؟

تجهم وجهي، وغاضت بشاشتي، فقد عصف سؤاله بحالي المطمئنة قالبا إياها رأسا على عقب، كنت غاضبا وقلقا في الوقت نفسه، أخاف تورط ميخائيل بسؤال يُشكل عليه أمر الكذب بشأنه، فيضطر للكذب من أجلي بما كاتمته من بنات صدري! وإن كذب لحمايتي فإنّ ذلك سيضيف دينا جديدا على رقبتي أسدّده له، وأي دَين أم أي دَين سأقدر على سداده لهذا الرجل! فأنا، في هذه اللحظة، ومن هذا الموقع، على يقين تام أن ما ورط ميخائيل وآل به إلى هذه الحال، مسجونا ذليلا، يُضرب وتُهدد حياته بالموت، ليس ذنبا اقترفه، بل هو، وبكل بساطة، أنا، ابتداء من صدفة مروره بساحة المعركة، حتى طيب بذله بقرار معالجته إياي، ولكنه لا يعلم ذلك بعد! خفض ميخائيل رأسه، وقال بهدوء مخفيا مكنون دواخله:

— والله لا أعرف اسمه.

ابتسمت ابتسامة باهتة صفراء، مشفقا على حالي. فها هو ميخائيل، بنزاهته ذاتها، يراوغ بكلماته، ويضمر حقيقة ما يعنيه بقول صدق يُراد به إخفاء حقيقتي، محاولا التنحي، وتغيير دوره في هذه اللعبة، ليكون إسماعيل بيدق الموقف هذه المرة. ورغم تلك المحاولة التي أُجلّها وأُكبِر فيها ميخائيل سندا ومعدنا طيبا، إلا أنني كنت مدركا من أنها مراوغة عابثة، فلن تجدي نفعا، أو تصيب هدفا أمام دهاء إسماعيل الذي

سيتصدى لها بطرفه. أزاح إسماعيل بصره عني مقتربا من ميخائيل وهو يتبسم، وسأله قائلا:

— وأين التقيت به للمرة الأولى؟

لم أقوَ أن يتحمل ميخائيل فوق ما يطيق، مشاعر متضاربة في داخلي، تحول بين ضبطي لأعصابي والتفكير بوضوح. لم أتمالك نفسي فصرخت حينها بأعلى صوتي "كفى!". صرخت دون أن أشعر، ملبيا رغبة قلبي وعقلي وجسدي لدفع كل ما أملك لعلي بذلك أنقذ ميخائيل من التورط بهذا الموقف، كانت كل أفكاري ومشاعري تتدافع أمامي سيلا يفيض له، أملا بأن أوفيه جزءا من حقه، وألا أتكبد فضلا مضاعفا وحقا جديدا أحتار في رده. في تلك اللحظة، كنت مدركا سبب قدوم إسماعيل، وما يخطط له من وراء تلك الحبكة التي ابتدأها، وصولا إلى السؤال عن اسمي، قد جاء بنية أن يثبت، بشكل أو بآخر، أن ميخائيل لا علاقة له بمقتل محمد في أرض المعركة، ويؤكد أنه لم يكن الشخص الذي أبلغ العدو بقدوم محمد وجنوده، وبذلك يحقق تبرئته من كونه السبب في إفشال هجوم محمد والغدر به قبل أن يغدر بالعدو. ويكتمل ترابط السلسلة من قبول ميخائيل بكذبة إسماعيل؛ أي بأنه كان السبب بتسمم محمد وزوجته، بذلك أدرك إسماعيل أن ميخائيل لا علاقة له بمقتل محمد. أما أنا، فأدركت أن ميخائيل لا علاقة له هو الآخر بذلك الوضيع الذي افترى عليّ بمحاولة قتل قائد

الفرسان. ووسط تردد صدى صرختي تلك، قاطع إسماعيل حبل أفكاري قائلا:

— نطقت أخيرا استفتاحا بكفى! ألديك ما تقوله يا هذا؟

عزمت على الرد عليه، رأفة بحال ميخائيل، زاهدا بحياتي، طامعا بردّ ديني، متعللا أن يكون صدقي هو مفتاح نجاتي. رفعت رأسي فإذا بوجهه قبالتي، ركّزت نظري في وسط عينيه، وقلت شامخ الرأس واثق القول:

— كل منا يا إسماعيل يسعى وراء ما ينفعه؛ أنت، وأنا، وميخائيل. وكذلك هو حال العشائر والدول، والقبائل والأمم. نتوسم مخايل النجابة وتباشير الظفر بالعلم والمعتقد، والدهاء والحكمة، وبذلك ترتقي بعضها شأنا، ودونها تسقط بعضها قدرا. فمنها ما يتحد، ومنها ما يفترق، في سبيل السعي للمنفعة. هذا هو الواضح والجلي للعيان، ولكن لا يدرك أساسه ضعاف النفوس من عليّة القوم، أو من هم في أدنى المراتب.

رفع إسماعيل حاجبيه منصتا ومترقبا، محاولا استخلاص منفعة مما استطردت في قوله:

— فما يدركه الحكماء والعقلاء من عليّة القوم ويتداولونه هو أمر مختلف، وهو معني بإدراك ماهية المنفعة، لا على مستوى محدود، بل على مستوى لا متناه لا حدود له. منفعة لا تبدأ بفرد لتقصد الأمة، بل مبدؤها الأمة قصدا للفرد. وذلك

لا يحصل عادة في تلك الدويلات التي يغيب عنها العدل، ويكثر فيها الحسد والكراهية اللتان كانتا نتاجا لمزيج من جهل ومال وجاه.

أدركت أن كلماتي وقعت في نفسه، وأصابت رميها؛ إذ تبدلت النظرات، وتغير جوّ المكان، وكأنها ثنَت إسماعيل عما كان يقصده، فلم يعد يكترث بسماع إجابة ميخائيل عن سؤاله عني. أكملت حديثي قائلا:

— ومن هذا كله أعجب، أفلم يكن حريا بك بعد سماعك لخبر موت محمد، وفي ضوء علمك بفساد نزل بأمتك، أن تتقصى وتبحث داخل حدود قومك وأمتك قبل أن تلتفت لمن هم خارج تلك الحدود. والأمور التي لا تدركها كثيرة في شأننا هذا، فالأمر الأول الذي تجهله حتى الآن يا سيدي هو يقيني بأن محمدا قتل غدرا في أرض معركة، وأنه لم يمت مسموما بسُمّ ميخائيل. وأما الآخر مما لا تدركه أيضا هو يقيني بأنك نسجت حبكة تسمم محمد وزوجته لإثبات براءة ميخائيل الذي اتضح لك ولي بأنه براء منها.

تجلت الصدمة واضحة على كل منهما؛ ميخائيل وإسماعيل. رفعت حاجبي أبدي تفهّما لحالهما مكملا قولي:

— يا إسماعيل، تنبه.. تنتبه. إن من غدر بأمتكم أولا، وبك ثانيا، وبمحمد ثالثا، لهو عكرمة. إن شئت سمّه عضدك أو

ذراعك اليمنى أو سندك الذي توكل إليه أمورك ليدير كل شأن قائم تحت إمرتك. خبيث يدس سم أفعاله لينعم بتبرئة نفسه وإبعاد الشبهة عنها، وقد ميزته من بين ذلك الجمع، إنه ذلك الوضيع الذي يريدني ميتا لكيلا أدلي بحقيقته، وهو الكاذب الذي اختلق رواية نسجها بخبثه، فافترى عليّ متهما إياي بمحاولة قتل قائد الفرسان بينما أنا مُلقى على سرير في دار ميخائيل. إني ومن مكاني هذا أعلم يا إسماعيل حق اليقين أنه قام بما قام به دون أن يعلم أي منكم، طامحا إلى منصب ومال وجاه، يغتنمها لنفسه، مُحققا بافتقاره للنزاهة والخلق مبتغاه ذلك حينما تكون أنت الأمير بعد والدك، وليس محمدا الذي يكبرك سنا.

ارتفعت حدة صوتي، وتبدلت نبرتي إلى نبرة المعاتب، مكملا قولي باستفهام بعد تعجب:

— فسل نفسك يا إسماعيل.. ماذا بعد؟ كيف يمكن لقائد حكيم أن يهين أمته، ويرخص بيعها بقبول الانصياع والتسليم لإمرة دولة رضيَ نظامها ظلما حالَ بين وجهائها؟ أم كيف يهدأ لي بال، وتستكين لي حال لأتمكن من تسليم أمن قومي بما فيهم أهلي لقيادة افتقرت إلى الحكمة والعدل بين نبلائها؟ بل إن الحكم فيها يُستولى عليه سعيا إلى نيل مال وبلوغ جاه. وكيف لي أن أقبل بإمرة عكرمة، أو حتى بإمرة من آمن برأي عكرمة؟ وعكرمة نفسه هو من جاء إليّ قبيل ظهور محمد في

الوشم بأيام معدودة ليدسّ سمّ إعلامي بقدومه، ويحقق غايته لنغدر به قبل أن يغدر بنا.

فتح إسماعيل فاهه مصدوما، وشدّ على قبضةِ يده احتداما وامتعاضا، واستشاطت نظراته غضبا، كنت مدركا أنني لست معنيّا بذلك الغضب على وجه التحديد، بل هو غضب يترجم صدمة حاله بالمجمل. أتبعت قولي دون انتظار لردة فعله، وأنهيت حديثي قائلا:

— ما هكذا تُبنى الأمم يا إسماعيل. ففي ذلك الموقف، كان من الحكمة أن نغدر ونحارب، وعلى العكس من ذلك، بطريقة تكفل ألا يكون في غلبة قومي مصدر لقوة نظام قائم ومعتمد على أشخاص ممن هم على شاكلة عكرمة، فوالله وتالله إن الموت بنا أرحم وأطيب من العيش في ظلّ سلطتهم الظالمة. أما لسؤالك خاصة، والموجه لميخائيل أولا، فاعلم أنه نفسه لا يعلم حتى هذه اللحظة من أنا اسما ويقينا، بل إنه لا يعلم حتى أن للأخيضريين دورا في تلك المعركة..

صمتّ، ثم أغمضت عيني، وتنهدت بعمق قبل أن أقول جملتي الأخيرة، قولي هذا يمكن أن يكون آخر قول لي للأبد. ابتسمت راضيا ومسلّما، وقلت بصوت أجرأ من السيل، وتيرته واحدة:

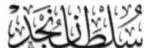

— يا إسماعيل.. أنا ابن تميم، أنا زاخر، وأنا من قتلت
محمدا.

* * *

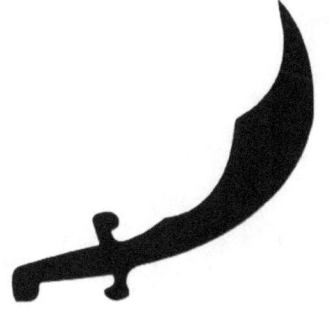

الفصل الرابع

كم من عكرمة بيننا؟

أظلم الجو بيننا، وقفت واجما صامتا مذهولا، فقد نزل كلامه عليّ كصاعقة ضربتني من أعلى رأسي حتى أخمص قدمي. ارتعدت أطرافي، وزويت ما بين عيني، ممتلئا غضبا وبغضا، صامتا إلا من نظرات الكراهية التي ترمي بها عيناي، وتضجّ بها ملامحي. ثار الدم في وجهي لهيبا متسعرا، أشعر به ينتشر في أنحاء جسدي. ومن شدة حرارة جسمي، كنت أشعر ببرودة نفح أنفاس زاخر على رقبتي. عضضت على نواجذي، وأغلقت فاهي الذي كان مُشرعا من هول صدمتي، لكن، هيهات.. ماذا أحاول أن أخفي بعد؟ أو ماذا أتدارك بعد أن بدا ما بدا من تجهم حالي وثوران ملامحي بالغضب؟ أأداري زيفا بعد أن تجلت ردة فعلي جلية دون أن أتفوه بقول أو أهمّ بفعل؟ ليتني أحكمت لجام غضبي، لكن.. الله وحده يعلم كم أذوب كمدا، مثقل تكل من أحداث توارت، يتعذر على عقلي تقبلها وينتفض قلبي هلعا منها. أحكمت قبضة يدي، ورجعت للوراء عائدا بخطواتي إلى الخلف، مبتعدا عنه، لا خوفا منه، بل خوفا عليه. أخشى عليه من فتيل غضبي أن يطاله بشرر، وأخشى من أن تنهار قواي، وتخور عزائمي أمام جلَدي الذي امتحنته الأحداث أيما امتحان. ولكن، على قدر أهل العزم تأتي العزائم! نصبت ظهري أنفض هذه الأفكار عني، شامخا صامدا، وضعت يدي على سيفي أتحسسه، أحاول جاهدا أن أسيطر على رغبتي بسلّه لأحزّ به رقبة زاخر، فأقتص منه لدم أخي محمد، وآخذ بثأره. رفعت

سيفي شاهرا إياه أمامه، كانت عيناي تبصران الفراغ، فلست أطيق رؤية وجهه وأنا في حالتي هذه. رميت سيفي أرضا فرنّ صوته نغما كسر حدة ذلك الصمت، صوت هدأت أنفاسي من أثره شيئا فشيئا، الحمد لله الذي جمّلني بالصبر، وأطفأ غضبي، وانتصرت أمامه إذ جاهدته ولم يجهدني. أخرجت خنجري من خاصرتي، وقصدت زاخرا لأفك وثاقه، وما إن أنهيت قطع آخر حبل يحكم تعليقه حتى سقط على الأرض. لم أسمع له صوت اعتراض أو أنين، لا شيء غير صوت اصطدام جسده المنهك بالأرض. قلت حينها:

— عش في الحياة ترَ عجبا.. ها هو ابن تميم، زاخر، حاكم قومه، وقائد تمردهم، بعظمته وجبروته، مُلقى أمامي، يقر بذنبه، ويطلب قتله! إلا أنني لا أجد في القصاص عدلا لدم أخي كما أسلفت، بل هو ظلم لكليكما. فالعدل، إن كنا سنحكم بالعدل، هو أن تأخذ السيف، وتقاتلني به رجلا لرجل، اقتصّ بسيفك لحق أمتك منا، وسأقتص بسيفي لحق أخي منك، والله يحكم بيننا، وهو أحقّ بما كتب وقدر وقسم.

كان زاخر مُلقى على الأرض، على حال ارتماءته بعد فكي لوثاقه، أقصى مدى لبصره هي قدماي. وما إن أنهيت كلامي إذ به يرفع رأسه مبتسما متحاملا على نفسه، يحاول أن يخفي ألمه الظاهر في ارتجاف صوته واضطراب نظراته، قائلا:

— عمّ تتحدث يا إسماعيل.. أي عدل هذا؟ هل أقاتلك وأنا مبتور اليد، مجروح الساق، معذب لزمن لا أحصيه، ولو أن لهذه الجدران لسانا لروت وحكت عن ليال طوال وأوقات عصيبة بت فيها بين ضرب وتعذيب بلا طعام أو ماء. بل أي عدل وأنا قد سلّمتك أمري مسبقا، رافعا رايتي البيضاء، مسلما معترفا بكل شيء رأفة بحال هذا الرجل. ميخائيل دَيني في هذه الدنيا على هيئة رجل، أدين له بحياتي، واعترافي هذا حق له ومحاولة رد دَين قد بذله بطِيبه. خذ سيفك المهمل، وأعزّه في عنقي بقتلي، خذ حياتي مقابل حياة ميخائيل، فإن في حياة ميخائيل خير لك ولأمتك وللأمم من بعدكم، والله على ما أقول شهيد.

وفجأة، بدأ يزحف مقتربا مني، أخذ سيفي وقربه مني، وبقي على الأرض لا تفصله عن موضع قدمي أي مسافة. مال برأسه إلى الأرض ينتظر قصاصه، ويحثني على قتله، ثم تنهدّ وهو مغمض العينين، وقال:

— أشهد أن لا إله إلا الله، وأشهد أن محمدا عبده ورسوله..

وما إن أنهى تشهده، حتى سللت سيفي غاضا طرفي عما ستقدم ذراعي على تنفيذه. أريد أن أنهي أمره رغم دبيب ذلك الشعور الذي ضجّ في داخلي يخِزُني أنني سأخزي نفسي ولن أُفاخر بفعلتي هذه. في تلك الأثناء، التفتّ أرمق انعكاس ملامحي المتجهمة في بريق السيف، ووقع نظري صدفة على

ميخائيل. كان ميخائيل منزويا مستسلما للبكاء، تترقرق مآقيه بالدموع، مطأطئ الرأس ينتحب صامتا، فتح عينيه مستغربا جمود حركتي، وما إن أبصر سكون حركة سيفي حتى اعترضني بناظريه، وبقي ينقل بصره بين عيني وسيفي. كنت أشعر بدفء تلك النظرات وصدقها، تحتضنني وتحاول أن تلفّني بشيء من السلام الذي كدت أتخبط لفقده. كنت أسمع صوتا لنظراته، نظرات تفيض حسرة وتناجيني عتابا، تتساقط دموعه بصدى كلماته التي أكاد أسمع توبيخها لي في قلبي قائلة: "وا أسفي عليك! ووا أسفاه على أيام انقضت، وعهود أبطلت، وعلاقة امتدت بيني وبينك فخلت، فها أنا اليوم أشهد أسوأ ما بك من ظلم نافذ، فما وفيّت إذ أوفيت". غضضت طرفي عن ميخائيل، وأنكرت فهمي التام لنظراته، وعدت أكمل ما بدأته، فانحنيت بظهري، وتشوفت بنظري إلى رقبة زاخر، عازما على قتله، وما إن وضعت سيفي على رقبته، وشرعت أقول: "بسم الله، والله أكبر..."، وإذا بصوت أمي الحاني يهز كياني، يهمس طيفها لي موقظا ضميري، مذكرا إياي بوصيتها لي في منام ليلة البارحة، حين قالت: "ولا تعِر شأنا لمن كان قربه منك غاية، وحارب لكسب قرب من باعك، وامتنع عن التقرب إليك من أجل كلمة حق صرخ بها، أو من أجل نزاهة فارس حارب لترسيخها، قارب منه وإليه، وإياك إياك أن تبعده عنك. وكن على يقين تام بأن العدل، إن وجد، فستجد ما هو أعدل منه.

وإن لقيت الحكمة فلا بد من أن تصادف حكمة أكثر مما لقيت. ومهما شهدت النزاهة، فحتما ستشهد نزاهة أكثر مما شهدت. أما الفروسية، فستبكيك دوما فروسية أخرى، هي أجلّ وأسمى. اسعَ لكمال عدلك، ولا تراوغ، وأحكِم حكمتك برويّة ولا تيأس، وكن مُغبطا لنزاهة النزيه، وسابقه ولا تستبقه، ونافس الفارس بفروسية تخجله لا تدينه".

سبقتني عبراتي، واهتزت يدي، يا الله! أتراها زارتني بهذه الحكمة لهذا الشأن! أغمدت سيفي وكأنني بذلك أطفأت سعيرا مشتعلا في صدري معه، وصرخت بأعلى صوتي مناديا: "يا عكرمة.."، وما إن سكن ندائي إذ به يدخل أمامي في اللحظة نفسها، انحنى لي وعيناه تترصّدان، تنظران في الأرض، نحو زاخر المُلقى على وجهه، يتفحّصه باستفهام وحيرة لحاله، وشماتة ونشوة يحاول إضمارها في نفسه. وما إن أكمل انحناءته حتى أخرجت خنجري ووضعته على عنقه، مشيرا بيدي اليسرى إلى ابن تميم، وموجها سؤالي إلى عكرمة الذي تبدلت حاله في ثوان، بل في لحظة، صارخا به:

— هل تعرف من هذا؟

اضطربت حاله، يرتعد بين يدي كشاة ترتقب مصيرها، حتى كان اهتزاز رأسه ورجفة جسده تضربان في خنجري من فرط

فزعه، يتقاطر عرقه، محمر الوجه، وجل، خائف. أجابني بصوت مرتجف، وكلماته تتردد بخوف وهلع:

— لا، لا والله يا سيدي، لا أعرفه، ولا أعرف إلا أنه قد حاول قتل قائد الفرسان في دار ميخائيل.

رفع زاخر رأسه، وقال لي:

— يا إسماعيل.. إن من خان أمتك معي سيخونها مع غيري من أتراك الحجاز ومن القرامطة أيضا.. فتّشه وفتّش بيته، فسترى في ماله ما يدينه.

كانت كلمات زاخر تحثني للعمل بالمنطق، وتجنب التصرف بغضب. إلا أنني، ومن موضعي ذاك، لم أكن أطيق الانتظار أكثر، فلا صبر عندي يمهلني انتظار المزيد من الوقت حتى تفتيش داره. وبينما كان خنجري مسلطا على عنق عكرمة، مهددا بإنهاء حياته، قلت له:

— أخرج كل ما في جيبك يا عكرمة!

اضطربت حواسه، وارتعشت يداه، وخانته رجلاه ملقية إياه أرضا، وبدأ ينتفض مترددا في إخراج يديه من جيوب قميصه. وحين أخرجهما كانتا ممتلأتين بأوراق كثيرة، ونقود من الرصاص، كتلك التي يجري التداول بها في الأحساء، فكانت تلك الحاسمة. ارتسمت ابتسامة مرتاحة على وجه زاخر، أما ميخائيل فقد كانت نظراته مليئة بالشفقة على حالي، وحال

أمتي، وحقيقة أن أقرب الناس ممن هم تحت إمرتي قد ثبت أنه خان الدولة مع القرامطة عامة، ومع زاخر خاصة. أعدت خنجري إلى غمده، ورفعت عكرمة من قميصه ليقف أمامي بطوله كاملا، وسللت سيفي: "بسم الله، والله أكبر-"، فاصلا رأس عكرمة عن جسده. سقط رأسه متدحرجا، وانتشر دمه ملطخا الجدار، وسال يملأ المكان. دم خبيث تتبرأ منه الدولة الأخيضرية، ورأس ذليل موقعه أن يدس تحت التراب، ويغدو موطئا للأقدام. مسحت الدماء عن سيفي، وتوجهت لأُرفع ابن تميم من على الأرض، مسندا إياه إلى الجدار، ثم هممت بفك وثاق ميخائيل. كنت صامتا، وكانا كذلك صامتين، لم يتفوه أي منا بحرف واحد، ولم يقصد أي منا الآخر بهمسة أو بنظرة متبادلة. أنهيت فك وثاق ميخائيل، وقصدت باب الزنزانة عازما على الخروج، وضعت يدي على الباب، وقبل أن أفتحه التفتّ إلى زاخر، وقلت له:

— الآن، ومن هذا المكان، لا يعلم أحد إلا الله، ومن بعده نحن الثلاثة، بأنك زاخر بن تميم، وبأنك أنت من قتل أخي محمدا. وليكن هذا سرنا من هذه اللحظة، فاكتماه جيدا، سعيا لتحقيق العدل، وإحكام الحكمة. وبذلك تُسابَق النزاهة ولا تُستبق، ولتعلما، أنني مدرك لعدم إخجالي لكما بفروسية تعتدان بها، وتدينان لي بها؛ إذ جاء فعلي هذا وحيا، وما هو إلا

تنفيذ لوصية ممَن أحببت، لعله يرفع من شأني في آخرتي ودنياي.

فتحت باب الزنزانة، أريد الخروج، وقفت أمسح الدم الذي انتثر على أجزاء متفرقة من ثوبي. وأثناء انشغالي به رفعت بصري للأعين التي ترمقني بنظرات استنكار، يقف أمامي إخوتي وجمع الوجهاء والحراس مذهولين فزعين من تلك الدماء، ومن جمود ملامحي، يفتح الواحد منهم فمه ثم يغلقه دون أن ينطق بسؤال، أظن أن هيئتي كانت تصدهم عن مخاطبتي، خوفا مني وخوفا علي في الوقت ذاته. كانوا ينتظرون مني ردا عما جئت أتقصاه ليفكّ حيرتنا حيال مقتل محمد. لم يعلموا أن ذبول حالي هذه جاء نتيجة طامة كبرى أدركت وقوعنا فيها. نقلت بصري بينهم بحركة سريعة، شيء ما في داخلي اهتزّ بعد ساعتي هذه، هل هذه الوجوه التي ألفتها تنادمني وتحابيني ودا صادقا أم زيفا ومصلحة؟ كم من عكرمة بينهم؟ ضقت ذرعا بنفسي وبحالي الذي تتابع علي ضيقها، أخشى أن تحُول صدمتي غمامة بيني وبين بصيرتي، فلا أميّز في تلك الوجوه النزيه من الخائن الذي قدّم مصلحة نفسه على حساب أمته. رفعت رأسي للسماء بعيدا عنهم، ألوذ بملك الملوك، أناجيه في نفسي قائلا: "يا الله، سعة منك تنجيني من ضيقي هذا، ونور من لدنك ينير عتمتي هذه.. أنر بصيرتي، وألهمني الحكمة والصواب لما فيه خير للعباد والبلاد، أرني الحق حقا

وارزقني اتباعه، وأرني الباطل باطلا وارزقني اجتنابه..". ثم قطعت لجة الصمت تلك، مستندا إلى ثقتي بالله، متيقنا بإجابته لدعائي، عازما على إكمال ما بدأت به. وقلت مخاطبا قائد الحراس:

— أحكم إغلاق باب هذه الزنزانة.. فلا يدخلها أحد، ولا يخرج منها أحد، ولا حتى أنت.. إلى أن يأتيك أمر من سيدي الأمير يوسف.

ثم مشيت متجها إلى ديوان القصر، يلحق بي إخوتي والوجهاء بأصوات متفرقة تناشدني بأسئلة لمعرفة ما حصل. ولكني في تلك الأثناء كنت في أقاصٍ بعيدة عنهم، مغيب التركيز، سارح البال، لا أسمع إلا صفير أذنيّ، ودقات قلبي المتسارعة، وأفكار عقلي المنغمس بالتفكير، ماذا سأقول لوالدي؟ وكيف سأهتدي لإقناعه؟ لم أفكر لحظة واحدة بالرد عليهم، ليس تجاهلا لهم أو انتقاصا من قدرهم، لكني كنت أوجس شعورا في نفسي ينعقد منه لساني عن الإفصاح بالحقيقة الخفية لهم. فمن موقعي هذا، ومما شهدته، أعي تماما أنني لا أضمن صلاح بطانتهم جميعا، وإن افترضت صلاحهم جميعا، فإني لا أضمن فهمهم السليم لما نجابه، وحاشا أن يكون خوفي هذا هو خوف من إخوتي، بل هو من جمع الوجهاء الذين لا أستبعد أن يكون منهم من تمتد جذوره إلى موالاة عكرمة، فلن يقبل ما حدث، وسيبذل جهد طاقته لينفي وجود زاخر وميخائيل، فلا يكون

لهما موقع في بلاط الدولة الأخيضرية عامة، وبين وجهائها خاصة. ومن إدراكي لذلك كله، آثرت أن أُفصح لقائد أمتنا عن الأمر أولا، ليبت فيه معي بتأييده وتثبيته لموقفي، ثم يشركهم بالأمر المنقضي إخطارا وتنبيها ليس أكثر. اهتديت لقراري هذا لأنني مؤمن من أنه الحل الأسلم والأصلح لقطع دابر التشكيك والريبة، فمصابنا بمحمد ليس محض فقد أخ في أرض معركة، وليس نتاج خيانة حكيم أو فرد عابر من أفراد أمتنا، إنما هو تفشي مرض تمكن من أحد أطراف جسد دولتنا، وحتم علي بتر ذلك الطرف السقيم ليتعافى باقي الجسد من علته. فعكرمة، وبمكانته التي بوأناه إياها، كان علما من أعلام أمتنا، وذراعي اليمنى، وأحد الوجهاء الذين يشكلون ثقلا مهما، ويمثلون صورة الدولة الأخيضرية. وخيانته لثقتي بجرأة كهذه، أمر يشير إلى ثغرة غابت عنا، وينبه عن نزف جرح لا بد لنا من تضميده قبل أن نصدم مجددا بخيانة لثقة الدولة الأخيضرية من أفراد آخرين، ولكيلا نلدغ من الجحر مرتين؛ فاللدغة الأولى هي خسة اللادغ وعار عليه، أما الثانية فهي سفه الملدوغ وعيب فيه، وتحسبا لئلا نُطال بعيب، فقد وجب علي مداواة هذا المرض.

دخلت الديوان متجها إلى والدي، كان يجلس على كرسيه مترقبا، ولدى دخولي وقف في مكانه متسمرا، وقبل أن أدنو منه، أخذ يرمقني بنظرات حادة، مستنكرا الدم الذي لطخ ثيابي،

وشحوب ملامحي، مرتابا يترقب مني إجابة لحيرة نظراته تلك، فقلت له بعد أن انحنيت بالقرب منه:

— سيدي الأمير.. أطلب الخلوة للحديث معك..

رفع بصره إلى الوجوه التي امتلأ بها الديوان مستغربا طلبي، فليس ثمة غريب بيننا، لا أحد هنا إلا إخوتي ووجهاء القوم المقربين، وقال:

— أنت في دارك وبين أهلك وفي خلوتك، وهل يخفى عليك ذلك يا إسماعيل!

شددت قبضة يدي ألجم توتري فيها، وأخفضت رأسي مبديا احترامي لأبي، أجاهد كي أرتب الكلمات في رأسي مخافة ارتجالها، ساعيا ألا يكون قولي اللاحق جارحا، أو يمس مكانة والدي بسوء، ولكن الأمر جاء في موضع لا يقبل المكابرة على حساب شأن عظيم. فكان ردي:

— سيدي.. ورئيس قومي، أُكبرك وأُجلّ قدرك، لكن هذا لا يتعارض مع حقيقة أن في بعض الخفاء خيرا، فلو كان هنالك خير لصالح قومك مرهون بإخفاء أمر عنك، لأخفيته. فما ظنك، سيدي، بخير مرتهن أمره بأن يخفى تفصيله عن إخوتي ووجهاء قومنا حتى يصبّ في مجراه ويحقق جدواه؟

رفع والدي حاجبيه مستغربا، ممتلئا بالفضول متطلعا لمعرفة ما سأقول. ظل يحدق فيّ بصمت، تكاد تخترقني

نظراته، تنفث كتعويذة في نفسي لتطمئنها. كنت أترقب ردة فعل يبديها، أو نبرة صوته يأمرهم بالخروج، لكنه بقي صامتا، فرفعت رأسي منتظرا، تضج نظراتي بالإيمان به، وتترقب إيمانه المطلق بي، وإذا به يبادلني بنظرات تختلف حالها عن حالي، وبابتسامة ملء فمه، مختزلة افتخاره بمنطق قولي، وتثبتي من موقفي، بثقة واحترام. كان شعور فخره يطغى على فضوله، وكأن هذه الأقدار أتت اختبارا لي، وأثمرت له بنتائج أدرك فيها مدى نضج عقلي وعميق تفكيري. وما هي إلا لحظات حتى رفع ذراعه، وأشار بكفه طالبا من الجميع الخروج من الديوان. أُغلق الباب بخروج آخر فرد منهم، وفرغ المكان إلا منّا، أنا ووالدي، أو إن صح القول، كنت في تلك الأثناء أنا وسيدي. جلس وأشار إلي بالجلوس أمامه، وقال مبتسما، وبهدوء تام:

— ايهٍ يا إسماعيل، قل ما في جعبتك.

امتثلت لأمره، وجلست أمامه، مطأطئ الرأس، لم أعد أقوى على تحمّل انقلاب حالي المطمئنة هذه بعد كل ما شهدته. فقد أجهدني تقلب حالي من وصولي فرحا، فذهولي مِن تلون وجوههم، فمصيبتي بفقد محمد، فصدمتي بميخائيل، ثم ابتلائي بعكرمة، وصولا إلى هذه المواجهة.. الآن خلا المكان لي، وأنا أمام الموقف الأكبر الذي أخشاه، أخشى عليك أبي، وأخشى منك سيدي. يرتجف قلبي من قسوة ما سمعت في تلك الزنزانة، ولست متأكدا مما ستنتهي إليه الأمور، وما سيؤول

إليه كل مضمر حين يعلم والدي بتفاصيل ما قيل وما حدث. يرتجف قلبي فأحاول جاهدا تهدئته، أغمضت عيني أستحضر نظرات إيمانه بي، ألتمس بها طريقا تقودني للتثبت والتصرف بحكمة لقول ما يجب قوله، ومجانبة ما لا يجب الإفصاح عنه. استشعر والدي توتري وإنهاك عقلي من تردد لساني عن النطق، فوضع يده على كتفي، وقال:

— يا إسماعيل، هذا ثمن الحكمة يا بني، إن ما تمر به الآن قد مررت به أنا من قبلك، وما زلت أمر به في كل يوم وفي كل شأن، شعور يفتك بصدري حين أرجح مصلحة الأمة بكفة، مقابل أي شأن آخر يمر أمام حكمي ليختبرني. فلا تخف ولا يُداخلك ارتياب، قل لي ما تضمره في داخلك وترى في قوله حكمة وراحة، ولا تتأخر عن حفظ أمر ترى في إخفائه حكمة تلتمسها، ولا ينتابنّك خوف من أن تصدقني في قول ما ترى الحكمة في إبدائه. قل ما عندك يا إسماعيل.. قله بملء فمك وشموخ رأسك.

تنهدت بعمق، نابذا كل ما يعكر صفو تركيزي، ويثبط من عزيمتي، ورفعت رأسي مستبشرا بفهم والدي وتفهمه، وما قد يحكم به ويأمر بإنفاذه. كلماته تلك ألفت سماعها، وهي تشبه قولا حفظته، بل ودرجتُ على تمثّله وتطبيقه في موقفي الصعب مع عكرمة، فقد استشعرت في كلماته انسجاما وتناغما مع كلمات أمي ليلة البارحة، كأنهما اتفقا على توجيهي

لفعل ما فعلته، وحثي لفعل ما أنا مقدم عليه. ولا عجب أن يتناغم قول طيفها المسافر مع قول سموه؛ فهما الجسدان الماثلان في روح واحدة، يتناصفان قطعة الخبز ورغيف الأرز، وحفنة الماء وهمّ الأبناء، وهما الحبيبان المقتسمان غما واحدا، الناطقان قولا واحدا، الصامدان لبعضهما سندا وعضدا، إذا ارتخى أحدهما شد الآخر من عزمه، وإذا سقط أحدهما أسند له الآخر ظهره، وإذا انثنى أحدهما هبّ له الآخر يعينه ليعتدل. هما إيماني الراسخ ويقيني العظيم من أن الألفة قوة عظمى وطاقة كبرى، تُفني ولا تفنى، تترجمها الأفعال، وتثبتها المواقف والأهوال، فلا تتقادم بل تزهو وتزداد وهجا بمرور الأيام والأعوام. احتضنتني كل هذه الأفكار، تقوّي من عزيمتي، وتهذب من قولي، آخذة بيدي لأهتدي إلى طريق القول، وابتداء قول الفصل، مجانبا بها ما سأخفيه عما سأبديه. وقبل أن أتحدث ردّدت في داخلي: "ربِّ اشرح لي صدري ويسر لي أمري، واحلل عقدة من لساني يفقهوا قولي"، ثم قلت:

— سيدي الأمير يوسف.. قد كنتَ في حقبة من حقب حياتك الذراع اليمنى لجدي، والدك محمد، تخوضان المعارك والغزوات معا، يدا بيد، في الشدة قبل الرخاء، فكم تصدى عنك بدرعه ليحميك في معارك حمي بها الوطيس، وكم شقيتما في ليال عسر، ونعمتما في أيام يُسر. وفي ذلك كله، لم تكونا وحدكما، بل كان هنالك من يؤمن بأفكاركما وطموحاتكما

وعقيدتكما. هذا المزيج الذي كان بمثابة الترجمان لسعيكم الحثيث لنفع الأمة جملة وتفصيلا، وبتحييد تام لأي منافع محققة لطموحات تعود لصالح أفراد بعينهم ممن يديرون شؤون الأمة. بذلك الوضع، وفي تلك الحقبة، يكون من السهل جدا تمييز وجود من يبحث عن منفعته ليقدمها على حساب منفعة الأمة، إذ تجده، بشكل أو بآخر، منبوذا ومكروها بسبب مكره وحيلته الظاهرتين للعيان. وما كان كره الناس له إلا نتيجة لإيمانهم بمعتقدات الأمة ومبادئها التي أحكمتم تثبيتها في ألباب أبناء الدولة الأخيضرية وقلوبهم.

كان والدي منسجما باستماعه لما أسهبت في قوله، وكأني أعيد له ذكرياته مع والده في أيام شبابهما. لا انتقاصا من جمال الحاضر، ولكن يبقى للماضي شجن مختلف؛ إذ إن عودته مستحيلة. وكل ما هو محال يبقى مرسوما في البال هاجسا صعب المنال، يُسهّد الأعين والأبصار، فصورته الكاملة تبقى ماثلة في الذاكرة فقط، لكنّ الشعور بها لا يتجدد، بل يبقى ناقصا بغياب من توسدوا التراب، ويبقى لنا التعلل بتجديد أمجاده في حاضر نعيشه لم يشهد نصيبا كافيا من قسمة جماله بعد، ولكنه سيُرى بعون الله، لنتغنى به هو الآخر، ونصنع منه تاريخا يروى. أكملت حديثي مخاطبا أبي:

— سيدي الأمير يوسف.. إننا اليوم نشهد حقبة مختلفة عن تلك الحقبة التي نزحتم في أيامها من الحجاز، فها نحن اليوم

نحكم اليمامة وندير شؤونها على أكمل وجه منذ عقود، ولعقود مديدة إن شاء الله. لكن الحال قد تبدلت يا سيدي، فلم تعد الأمة تؤمن بنا بغية العيش وحسب، إنما بغية نوال المال والجاه أيضا. ومن كان يبتغي رضا الأمة بفروسيته وشهامته وسلامة أفعاله، فقد أصبح اليوم يبتغيها بمكر يجيء له بمال، يشتري به رضا الأمة. ولا عتب على مَن يبتغي المنفعة لنفسه بتلك السبل الدنيئة، بل العتب على ولي الأمر الذي قصر في شؤون أمته لتكون معقلا لخلافة هؤلاء.

تبدلت حال والدي، وتغيرت تعابير وجهه، من ذلك الانسجام التام وعلامات الارتخاء إلى استياء واضح بدا على قسمات وجهه، فقد فهم أن ما أرمي إليه بكلامي ذاك، هو تنبيه يعكس لوم معاتب من سوء إدارته لشؤون الدولة، ولكنه في الوقت ذاته كان منتشيا بنضج ما أقول، يترقب إكمالي للحديث، وكأنه قد نسي أن ما جئت للحديث عنه في المقام الأول ذو صلة بمقتل ابنه محمد. فأكملت قولي:

— سيدي الأمير يوسف.. إنيّ من قبل ومن بعد، خادمك الوفي، وابنك البار، وفرد من أفراد أمتك، يعمل فيجتهد، ويتعثر ليعتدل، متطلعا لرضاك ومتصديا لعداك، وإني، وبعد وفاة أخي محمد، أجدد عهدي لأكون ذراعك التي تعاهدك بسعيها، وتجتهد لسد الثغرات وتذليل العثرات، لإصلاح ما قد قُصِّر به بقصد أو بغير قصد. وأعاهدك أن أكون حثيث الخطى هميم

المسعى، لا أترك فسحة أو ثغرة ينفذ منها من يخطط لتقديم منفعة تقوم على حساب منفعة هذه الأمة ككتلة واحدة، كائنا من كان، سواء في خطط ماضيه، أو في شأن حاضره، أو تطلعا لمستقبله، أو حتى في أحلامه. أعاهدك يا سيدي بأن ذراعك وابنك الذي يقف أمامك سيضع مصلحة الدولة الأخيضرية نصب عينيه أولا، تليها مصلحة الأخيضريين وأنت منهم. وإن لم ترَ يا سيدي فيما أقول حكمة تلتمس، ورأيا يُدرَس، فإنك بذلك تناقض ما نشأت عليه من تربيتك لي، بمبادئ وأعمدة أساس قومت بها نفسي، وها أنا اليوم أخاطبك بأصول مبادئنا، وأصدقك القول في نيتي، وأعدك بالعمل بها.

ابتسم والدي واضعا راحة يده على كتفي، وقال:

— ونِعم الابن أنت يا إسماعيل.. ونِعم الابن أنت. ولكن يا بني، يكاد أن يلتهمني الفضول بينما تراوغني أنت دون انتهاء إلى ما ابتدأت حديثك به، فقل لي بربك، ما الذي حصل؟

خفضت رأسي مرة أخرى، مستكينا لما سأقوله، أو بما سأخفيه. وأجبته قائلا:

— يا سيدي.. يؤسفني ما سأقوله، ويخزيني ما بلغ الأمر بنا. فإن كنا في دولتنا هذه جسدا واحدا، فإن الذي كان سببا في موت محمد هو أحد أطراف هذا الجسد، هو فرد منا يا سيدي، حتى إنه لا يسكن قلب اليمامة وحسب، بل هو من وجهائها.

إنه نديمي، وذراعي اليمنى يا سيدي. عكرمة هو من كان السبب في مقتل أخي محمد يا سيدي. عكرمة من خان وخطط، وهو من رتب أمر الإيقاع بشقيقي محمد، عكرمة من وشى بمحمد عند ابن تميم وجنوده يا سيدي. لقد هالني الخبر حتى إنني كدت أفقد صوابي بعد سماعه، فهل بعد كسرة فقد عضدي محمد كسرة أخرى؟ لم أصدق الأمر في البداية، واشتطت غضبا مناديا إياه ليثبت عكس ذلك، ولكني بعد أن تثبت من وجود نقود من الرصاص في جيبه، أيقنت بأنه حقا قد فعلها، فهو من وشى بشؤون أمتنا عند القرامطة في الأحساء، ولست أدري حتى الآن فيما إذا كان قد نقل شيئا لأتراك الحجاز أو غيرهم.

رفع والدي حاجبيه مستنكرا ما قلته له، غاضبا من عكرمة مبغضا لفعلته، قابضا على سيفه، أكاد أشعر بنيته للنهوض ليقطع رأسه، ويقتص منه. وضعت يديّ على ركبتيه، أحاول أن أبرِئ شيئا من جرح هذه الخيانة التي يشعر بها، أعرف كيف يذيب هذا الشعور تلابيب الفؤاد، وقلت مخاطبا إياه:

— وبتلك الحال يا سيدي، فقد رأيت أن في منفعة الأمة أن أقتص من عكرمة بقطع رأسه دون محاكمة، ليقيني يا سيدي من أن المحاكمة قد ينتج عنها من اللغو ما يكفي ليودي بنظام أمتنا إلى الهاوية، ويزيد فتكا بنا. فإن كان عكرمة، وهو أقرب الناس إلي، قد ابتغى منفعته على حساب أخي محمد، سعيا

من خلالي، فلا شك ولا بد من وجود مَن يتفق معه، أو مَن هم على شاكلته بين وجهاء الأمة، بل وقد يكونون ممن يعيشون بيننا، ويعملون معنا في القصر يا سيدي. هذه الجذور الممتدة بالموالاة، لا تقبل تمهيدا ولا يترك لها مجال للمماطلة، فمتى وجهت لهم التهم، ستُحاك المؤامرات وتحبك المخططات، سعيا واجتهادا لمحاولة تزييف براءته، بحجة عدم وجود دليل قاطع يثبت تورطه بهذا الأمر. وتعلم كما أعلم من أن إقدامي على أمر كهذا لم يكن سهلا أبدا، لكنني حكمت بأمره في زنزانة ميخائيل، وطبقت أمر القصاص فيه بنفسي وبيدي هذه، فاصلا رأسه عن جسده، ثأرا لمحمد، وعقابا لخيانته، ونكالا لأمثاله.

فتح والدي فاهه مستنكرا، ظانا جهل حكمي بالشأن، وقال:

— ويل لك يا إسماعيل بما صنعت يداك! أنّى لك أن تفعل ذلك دون دليل يثبت تورطه!

ارتسمت شفتاي بابتسامة عتاب، وأكملت حديثي:

— سيدي الأمير يوسف.. أتظنّ أن ابن يوسف الأخيضري يجانب الصواب بفعل ما يعاب؟ هل تظن منه أن يسلم لأمر بتغييب حكمته عن التماس دليل قاطع فيه؟ إخالك تعرفني يا أبي، فكيف تسيء الظن بي وترميني بمثل هذا القول! قطعا لم أرتجل فعلا، ولم أمتثل عملا بظلم، فقد كان الدليل أمامي

حاضرا، وهو أقرب إلى شهادة لا يختلف فيها عاقلان. فتثبت، ثم قضيت بالأمر.

نظر إلي والدي متسائلا، وقال:

— شهادة مَن؟

خفضت رأسي حياء لا خجلا، وقلت له:

— كما أسلفت في قولي السابق سيدي الأمير.. إن في بعض الخفاء خيرا، فما كان في إخفائه عن إخوتي ووجهاء قومنا خير لقومك، فقد أخفيته عنهم وقلته لك. أما جواب سؤالك يا سيدي فهو الشق الآخر، مما في إخفائه عنك خير لقومك، وإني أرجوك مما تراه في ذراعك اليمنى وابنك إسماعيل من عشم طيب وحسن ظن كريم، ومن ثقتك المطلقة بحكمته، غير المقيدة بتبرير أو تفسير أن تعفيني من الإجابة، وفي الوقت ذاته أعزز رجائي لك بطلبي التكتم على أمر قصاص عكرمة حتى حين آخر، على أن يُدفن اليوم، ويبقى سرا بيني وبينك.

استغرب والدي من طلبي، لكنه، وفي الوقت نفسه، هدأ وسكن، إذ اكتست ملامحه بالاطمئنان والإيمان تسليما وتأييدا لما أخطط لفعله، فقال:

— لك ذلك يا إسماعيل.. ولكن، ماذا عن ميخائيل؟

فما كان جوابي له إلا أن أقول:

— لم أنسَه يا أبي.. أرجو منك أن تأمر بنقل ميخائيل والسجين الذي يصاحبه إلى داري، ليحلا بها ضيفين لثلاث ليالٍ. أستضيفهما اعتذارا لما آلت إليه حالهما من جراء تقصير إحكام قبضتك على قومك يا سيدي، وأُتبعُ رجائي هذا بشكري وامتناني لك.

* * *

الفصل الخامس

إرث مضر

أنا ما أزال على قيد الحياة، تنعم مسامعي بترانيم شدو العصافير، وينساب على جسدي هدير الماء الرقراق، مياه لم أرَ مثيلا لعذوبتها إلا في بلاد العراق والشام. أستحم للمرة الأولى بذراع واحدة، وفي عقر دار من قتلت أخاه بيدي التي باتت مبتورة. من يصدق؟ لو أنها قصة تروى لغيري لقيل هي ضرب من خرافة أو محض أسطورة، ولو أن أحدا أخبرني بأنني سألقى يومي هذا لقلت إنه كاذب دجال، ولو أنني لم أستشعر ألم قرصي ليدي ثلاث مرات متوالية، لقلت إنني أحلم. أنا ما أزال على قيد الحياة، وهذه منحة جديدة في أيام حياتي، وفصل جديد في قصتي. سبحانك ربي، كم تقدر فتلطف، وكم تحكم فتنصف، وحين تشاء أمرا فإنه يكون. وما أعظمك سبحانك! فأي قدر هذا الذي ينتهي بي إلى هذه الحال! الحمد لك يا الله في يسري وعسري، الحمد لك حمدا كثيرا وإن فقدت من أحببت، من إخوتي وأحبتي وأبناء قومي. الحمد لك حمدا كثيرا وإن زاد الحمل على كاهلي بما أدين به لميخائيل، من عطف ورحمة وشهامة. الحمد لله المنعم المتفضل الكريم، فعلى الرغم من صعوبة تحركي وثقل أطرافي، وإحساسي بتلك الآلام الباردة التي أشعر بها بين الفنية والأخرى، إلا أنني أشعر كما لو كنت قد ولدت من جديد. عمر جديد، مآله بين يدي الله، وموطئ قدم جديد، قدري فيه في غيب الله، وكل ما أنا فيه هو من خير الله،

أنعم بين مراتع كثيرة، وأكتسي ثيابا جديدة، دافئة بصوفها الناعم، جميلة بنسيج ألوانها الغامقة، يكسوني معها وشاح ناصع البياض، حتى إنني أنقل بصري عنه قبل أن أتوشحه خجلا من ارتدائه، أشعر أن بياضه الناصع سيلفت الأنظار من حولي فتنة كما هو حالي الآن. وأشياء كثيرة من حولي، لا يمل بصري التأمل فيها، وترتخي أعصابي تنعما بها. لسان حالي يقول: "إنه ثراء الدولة الأخيضرية يا زاخر، إنه ما قاتلته وقومك كي لا يقتات عليكم ليزدهر.".

أكملت ارتداء الثياب ببطء شديد، كنت أتأمل حالي أثناء ذلك، متفكرا فيما آلت إليه. أضع الوشاح، وأشد ربط الحزام محكما فيه خنجري وسيفي. أتلفت متفحصا المكان من حولي، بالدهشة الأولى ذاتها، أسرجة تضيء تلك الجدران الحجرية والطينية. تتلون تلك الأسرجة بألوان مختلفة، منقوشة بزخارف فاتنة تنعكس من خلفها الأضواء بمنظر مبهر، أرض مستوية ناعمة، لا تمل من التنقل بين جنباتها، تتحسسها قدماي قطعة قطعة؛ فبين كل قطعتي سجاد قطعة أخرى، هذه منسوجة بالقطن، أما تلك فأظنها من نسيج الصوف، وبعضها من نسيج الشعر، وشيء من خيوط الحرير. أسرح بناظري وفكري متأملا، مستمتعا بانشغالي بهذا الجمال، مُسلما نفسي للافتنان به. وفجأة، تنبهت من غفلتي تلك بدخول ميخائيل، يكتسي حلّة

جديدة، وهندام فاخر. يسبق دخوله نوره، بشوش المبسم، أبيض الوجه، نظيف، عبق، قد نظم لحيته السوداء، تشعّ تقاسيم محياه نورا وسفورا، وتفوح منه رائحة مسك وعنبر شذية. اقترب مني بروية، مبتسما مطمئنا، وجلس بالقرب مني على سجادة منسوجة من الصوف الناعم، فجلست بجانبه بصمت، أتأمل عينيه، أحاول أن أدرك أننا بلغنا معا هذه الحال بعد أن نجونا مما كنا فيه. أبعد عينيه عني مخفضا رأسه للأسفل، تنهد بنفس عميق جدا، ولم تزل شفتاه ترتسمان بابتسامة رضا، ثم نظر إليّ، والتقت نظراتنا مجددا، فقال:

— قل لي من أنت.. حدثني عن نفسك..

كرر سؤاله إليّ، ذلك السؤال الذي كانت إجابته دَينا، لكن بصياغة أخرى، كأنه يلمح إلي أنه، وبعد كل ذاك، قد أزاح ثقله عن كاهلي. لم أراوغ في إجابتي البتة، ولم أتوانَ عن الرد. بادلته الابتسامة، ونظرت إلى عينيه بانصياع تام، وقلت:

— أنا ابن تميم، زاخر، وعلى الرغم من عِظم شأن القبيلة التي أنتمي إليها، وكوني جزءا لا يتجزأ منها، إلا أنني سيد في قومي المحدودين بعددهم، والذين قد يراهم البعض بسطاء في أسلوب حياتهم، ابتداء من مظاهر سكنهم، وحتى مأكلهم، ومختلف سبل عيشهم، ولكنهم على العكس من ذلك، فهم

يتسمون بعمق يفوق ما يبدون عليه بكثير؛ أناس يَرون ببصيرتهم لا بأبصارهم، مدركون لما لا يراه الناس. نحن قوم نبتغي العلم صغارا كبارا، ونسعى له أينما كان، من العراق إلى الأناضول، مرورا بالشام. ولكن، وبالرغم من ابتعاثنا الدائم لطلبة العلم، والسعي له بين دولة وأخرى، إلا أن ما نراه من متاع الحياة ومفاتن وملهيات في تلك الحضارات لا يبدل أحوالنا، ولا يزعزع ولاءنا، فنعود في كل مرة إلى موطننا في نجْد ممتلئين بالشوق لأرضنا، بما فيها ومن فيها، لنتوسد أرضها حيث أهلنا وقومنا. نعود بتطلع وبثورة من الحماسة والنشاط لنشر تلك العلوم بيننا. نقدر العلم، إذ ندرك أننا به نحقق رفعتنا ونسبق من هم حولنا بدهائنا وفطنتنا، وبما يثرينا به من معارف، تتمكن بها من تمييز المنطق من اللامنطق. ومع ذلك كله، فإن ما نتطلع إليه، وما نجتهد لنيله لا يؤتي أكله، ولا نرى ثمره، بل نجني منه ما هو ضده؛ فترى أحوالنا بدلا من ازدهارها تتردى يوما بعد يوم، ليس تقصيرا منا، بل من عدم قدرة تحقق انسجام ما نرى فيه منطقا، مع ما هو محيط بنا، لانعدام المنطق فيه. وما إن نتهاون بحزمنا تجاه هذا المنطق، بغية العيش، إذا بنا نستاء جميعا، استكراها لما حكمت به عقولنا، فنتراجع لنوقن بعد سنين طوال بأن حياتنا الكريمة هي حياة النفس حين نرتضي بها ونرضى عليها، أيا كان حالها. وبذلك، أصبحت العلوم منهجنا

أينما وقعنا، وأصبح الحق طريقنا أينما ذهبنا، فإن رفعا حالنا فخير ونعمة، وإن أذلّانا فلله الحمد والمنة.

شعرت أنني أسهبت في حديثي بتفاصيل لم يتطلبها سؤاله، فسكت خجلا. لكن الارتياح الذي بدا على جسده أشار لي بأنه لم يكتفِ بما قلت له بعد، إذ أسند ظهره ورأسه إلى الجدار كأنه يستزيد مني الحديث، وقال فجأة:

— ماذا عن زاخر الشاب؟

زاخر الشاب.. ابتسمت مستذكرا تلك السنين النقية، أشعر بنفح جمالها في قلبي حتى من مجرد ذكراها. تنهدت بعمق ثم قلت:

— في أيام فتوتي، وزهو شبابي، نهلت من نعيم أبناء قومي، وشقيت بشقائهم. لم يفرقني شيء عنهم، فليس للمناصب سلطة تقصي بعضنا عن الآخر، كما هو الحال في أراضي الحجاز والشام والعراق، أو حتى هنا في اليمامة. بل على العكس تماما، كان يُنظر للوجيه على أنه خادم للقوم، مكلف بتيسير أمور الأمة لا بتعطيلها. فكانت حالي كحال إخوتي وأبناء عمومتي وباقي أفراد القبيلة؛ يمضي بنا العمر سويا، نعيش حياة واحدة بنمط واحد، نقرأ القرآن الكريم صباح كل يوم، بدءا من عامنا الخامس وحتى عامنا التاسع، وأما بعد وقت الضحى، فنعمل في مساعدة

أهالينا في حرف مختلفة؛ من حرث للحقول، وحصاد الثمار، وتحضير الخبز، ومهام البناء، وما إلى ذلك من أمور الحياة. وحين كنا نبلغ عامنا التاسع، تبدأ رحلتنا خارج حدود نجْد، نتقصى مواطن العلم، ونأتي به قوتا كريما، وغنيمة طيبة نستزيد بها خدمة لأهلنا وأبناء قومنا. نُبتعث ونحن أبناء تسع لتلقي العلوم والسعي للعمل، فمنّا من يذهب إلى العراق، ومنا من يختار له أهله بلاد الشام، أو أراضي الحجاز، أو مدن الأناضول العريقة. وبالنسبة لي، فقد كانت حلب هي المكان الذي اختاره لي والدي بعد تقدير الرحمن، أعمل وأتلقى علوم التجارة ومبادئها. وما إن انقضت مدة الابتعاث، وحان وقت عودتي لنجْد، بعد أن بلغت الخامسة عشر من عمري، حتى استأذنت والدي في البقاء لبضعة أعوام إضافية في حلب، فوافق حينما علم بنيتي بالزواج من الابنة الوحيدة للتاجر الذي ترعرعت في كنفه، وعشت في مسكنه، واكتسبت خيرة في أعماله.

كانت ابتسامة ميخائيل تتسع شيئا فشيئا، مستمتعا باسترسالي في الحديث، وما إن بلغت آخر كلامي بالحديث عن زواجي إذ به يقهقه ضاحكا، فسكتّ مبتسما خجلا من ردة فعله، وإذا به يخاطبني قائلا:

— أوَقد تمكن العشق منك يا زاخر فلم تقدر على كتمانه!

خفضت رأسي لعلي بذلك أواري خجلي واحمرار وجهي عنه، وقلت:

— هي قسمتي ونصيبي في هذه الدنيا، وهي بهجة فؤادي، والبركة التي أنعم الله علي بها في حياتي. لقد أدركت منذ أن رأيتها خيرا كثيرا، ورزقا وفيرا، وربّ عشق يا ميخائيل تتلون منه حياتك بكل ما هو خير. فحمدا لله على نعمته إذ فتح علي بعلم كم تمنيته ولم أنله من قبل، ورزقني مالا كم سعيت لكسبه ولم أتحصّل عليه قبل ذلك. فما إن تزوجت بها، حتى ازددت قربا من أبيها التاجر، فقد بدت العلاقة بيني وبينه أكثر ألفة وارتباطا وأمانا، إذ كان يهتمّ لأمري، ويعاملني معاملة الأب لابنه، أو الوريث لماله وعلمه. وقد اجتهد في تعليمي حتى أتقنت حرفته، وتابع في تطوير مهاراتي، وتنمية مواهبي حتى نبغت نبوغا لا يختلف فيه اثنان، وأثمر ما زرعه فيّ، فبارك الله لنا في رزقنا جميعا، فكما كنت سببا في ازدهار تجارته، كان هو الآخر سبب اغتنائي كذلك. ليس ذلك وحسب، بل إن الأمر تعدى هذه الحدود لما هو أكثر من الأموال والأملاك، فلم يجعلني شريكا له فيما يملك وحسب، بل أتاح لي فرصة مشاركته تفاصيل حياته اليومية؛ إذ رافقته في زياراته، ولزمته مشاركا إياه الرأي فيمن يستقبل وفيمن يقصد. ولكبر سنه، وفتور قوته وما نتج عن ذلك من بطء في قدرته على التواصل، وثِق بي، وعهد إليّ

لأكون سندا له، وحلقة الوصل بينه وبين أي شخص آخر. فلم يكن يخالط الناس، إنما كنت أنا رسوله إليهم، إذ كان لا يسمع قولا أو رأيا من أي بشر كان إلا بوساطتي. وبلغ به الأمر أن يستعين بي حتى ولو كانت ابنته بنفسها هي من تريد التحدث إليه. ولك أن تتخيل اتساع دائرة معارفه، وعدد الناس الذين يرغبون بالتواصل معه بصفته وجيها في حلب. فلكثرة تردد الناس عليه، توسعت علاقاتي مع وجهاء المدينة وساداتها من قادة الفرسان وصفوة النبلاء. ونظرا إلى أنه لم يكن يستغني عن وجودي في كل اجتماع، وعن ملازمتي الدائمة له في كل محفل ومناسبة، سارة كانت أم مؤسفة، أكسبني ذلك اطلاعا واسعا على أحوال مختلف الأجناس والطبقات نتيجة لاطلاعي على أحاديثهم الجانبية وحسب، معززا بذلك إدراكي لسياسات المدينة، وآليات إدارتها، وسبل حمايتها، والارتقاء بأوضاعها نحو الأفضل. وفي الوقت ذاته، فقد تعززت خبراتي، وأصبحت أرى الأمور من أبعاد كثيرة، أكسبتني نظرة مختلفة عن ذي قبل، فقد أدركت حقيقة التجارة من بين زوبعة الأمور تلك، لا على مستوى تجارتنا وحسب، بل على المستوى الإجمالي لجميع التجار في حلب، وما يشكلونه من وزن، ككتلة واحدة في سياسة المدينة.

تنهدت مبتسما، ثم رفعت رأسي، وأكملت حديثي قائلا:

— آهٍ يا ميخائيل على تلك الأيام الخضراء الغراء.. حقبة ولت وانقضت برحيله.. أسأل الله له الرحمة والمغفرة. كان دائم الإنصات لي، يسمع مني، واثقا في رأيي، لا يتردد ولا يفكر في أمر أقضي فيه. وفي كل مرة نختصم في مسألة، يكرر لي قوله هذا: "ماذا يرى واسع العينين.. بماذا يحكم زاهد ربح الوجهين ـ". يسألني بالاستفهام ذاته مرارا وتكرارا، منتظرا رأيي الذي يقطع به الأمر، ويبت فيه المسألة، أيا كان مدى تعقيدها. وكم من مسائل حكمنا فيها سويا، برأيي وقناعاتي، بتقديمه إياي، وثقته بي، مسائل شتى، ما بين أمور ومصالح حالت بتعقيداتها بين التجار والوجهاء. وأذكر جيدا المرة الأولى التي سمعت فيها قوله هذا، قوله الذي يحثني فيه بإطراء كريم على الإجابة، كنت قد استنكرتها عند سماعي لها في أول مرة قالها لي، وابتسمت، ثم استفسرت منه عمّا يعنيه فيما يكرره، فقال: "عيناك أوسع من أن ترى ما نراه يا زاخر، فأنت من يرى التجّار جميعهم كتاجر واحد، لا كلا منهم على حدة.. وربحك، إن لم يأتِ معه ربح تاجر آخر، فإنك تزهد بهذا الربح ولا تستسيغ قيمته.. لله درك يا ابن تميم، لله درك ـ". في تلك الأيام يا ميخائيل، لم تترك كلماته بمعانيها العميقة تلك أي أثر في نفسي، بل لم تجد محلا ذا قيمة أو حتى اعتبارا عابرا، ولو بأدنى تقدير يتمكن من داخلي لأشعر به وأمتن له، فلم أستشعر أهميتها، ولم ألتمس لها أي تأثير في

من هم حولي، فقد كنت صغيرا في ريعان شبابي، أعامل الناس على سجيتي وبفطرتي التي فطرت عليها، وأحكم بينهم بمنطق أصيغ قواعده وأبنيها وفق ما تحليت به من علم اكتسبته. لم يعش هذا الرجل حياة طويلة، ولم أهنأ بمنادمته عمرا أكثر من ذلك، إذ تمكن منه الموت مغيبا إياه عنا. رحل تاركا لنا ذكرياته التي لن ترحل عن ذاكرتي ما حييت. يرحل الطيبون أولا يا ميخائيل، يُسارع الموت بأخذ حكماء القوم، أحلمهم وأنقاهم قلبا وقالبا. وهذه هي حال الدنيا، تدنو بنا في كل يوم إلى آجالنا أكثر، فمنا من يبلغ أجله، ومنا من يدنو منه فقط. ورغم معرفتنا بذلك، وإيماننا التام به إلا أننا ما نزال نفجع عند كل موت لحبيب كان أو قريب. توفي رحمه الله قبل بلوغي العشرين عاما، فحصرت الإرث لابنته وإخوته وأخواته، وتركت المكان من بعده عازما على العودة إلى الوشم برفقة زوجتي، حيث أهلي وأحبتي. وما إن كبرت بالغا العمر الذي أَمكنني فيه من قيادة فرسان قومي، وسمح لي فيه بأن أدلي بدلوي، وأبدي رأيي في شؤون القوم بين الوجهاء، إلّا وقد أدركت قيمة ما علّمني إياه ذلك الرجل الحكيم، من فيض العلم ومنابع الدهاء، ومناهل الفطنة. ومن فضله العظيم هذا الذي أستقي منه خيرا لا ينضب حتى بعد وفاته، فقد كرهت أن أسلم أمري يوما للنسيان أو السلوان بتغييب ذكره إذا بعُد زمنه. ولكيلا أستسلم لذلك، ولأحيي ذكراه

ما حييت، فقد أسميت ابني البكر على اسمه، مضر، تبركا وتيمنا به، وتقديرا لفضله.

وأثناء انغماسنا واندماجنا التام في الحديث، قاطع إسماعيل حديثنا متسللا بهدوء، وقد استمع لجملتي الأخيرة، فقال لنا مداعبا:

— ومن سنين طوال، ها أنا، ولأول مرة، أرى ابتسامة نيرة مستبشرة كتلك التي أراها الآن على وجه ميخائيل! ويا عتبي عليكما، فبهذه الحال تهملان المُضيف في عالية نجْد يا أبا مضر؟ كيف لكما أن تحرماني من سماع قصصكما في مجلسكما هذا؟

ابتسمت ابتسامة باهتة بعض الشيء، إذ كنت متحفظا في ردة فعلي تجاه ما قاله إسماعيل، فأجبته قائلا له:

— هذه ليلتنا الأولى في دارك يا إسماعيل، أما في الليالي الثلاث القادمة فستستمع إلى كل ما يطلبه ميخائيل مني. فهو الحلقة الواصلة بيني وبينك، فدَينه في رقبتي، ودَينك عائد له، ولا دين بيني وبينك يرد أو يؤخذ.

علت ضحكاتهم تملأ أرجاء المكان، تقدّما يساعدانني على النهوض. أسرع إسماعيل في مشيته وتبعناه قاصدين دارا أخرى، وأثناء مشينا خلفه إذا به يقول لنا:

— حللتما أهلا ووطئتما سهلا، العشاء بانتظاركما.. مأدبة من خير الله، من كل ما لذ وطاب، ضأن ماعز، ورغيف خبز، وتمر مكنوز، ولبن طازج. وما من شيء يزيد جمال المائدة لتكتمل به بهجة ولذة كحديثكما، ورواية كل منكما لمثل تلك القصص التي قاطعتها..

طوينا في مشينا مسافة ليست بقصيرة، ولعل ما جعلها تبدو لي كذلك هو ترقبي للوصول إلى المكان الذي سنقصده، وتشوقي لما فيه. كنا نمشي بروية وسكينة، واندماج تام مع ما أتيحت لنا رؤيته، عرَضا، أثناء مشينا، من تفاصيل ذلك القصر وجمال ممراته البهية. فبالرغم من أنني كنت مخفضا رأسي، غاضا طرفي، احتراما لحرمة المكان وأهله، لئلا أسوءه بكشف عوراته وخصوصيته، إلا أن ما تقع عليه عيني صدفة، ومن دون قصد، يكفيني لأقضي في وسمه ووصفه بآيات الجمال والدهشة. كان إسماعيل يتقدمنا بخطوتين، مرشدا إيانا لذلك المكان المخصص لتناول الطعام، ومن خلفه أنا وميخائيل جنبا لجنب، أحاول أن أتأخر عنه خطوة أو نصف خطوة ليسبقني، احتراما له، إلا أنه كان ينتبه لفعلي، فيبطئ من مشيه ليسير بمحاذاتي، فلم أُفلِح، ولو لمرة واحدة، في تقديمه على نفسي، عند بلوغنا لأي مفترق أو باب جديد، بل كان يضحك معلنا بضحكته تلك كشف قصدي، وفهمه لمبتغاي، ويرفض مصرّا،

وبابتسامة واسعة، إلّا أن أدخل معه بالتزامن، وفي الوقت نفسه لا بعده. هذه السمات الكريمة الطيبة تنم عن إنسان جليل يتحلى بشمائل عظيمة، ويزينه الخلق الرفيع أيما زينة، ووالله إن هذا الرجل يزداد بهاء في عيني في كل فرصة، صغيرة كانت أم كبيرة، فطوبى لي أن فراستي فيه لم تخطئ، وكانت سيماه في وجهه بينة واضحة، مذ عرفته ورأيته لأول مرة.

ومن بناء القصر المسقوف، وممراته الطويلة، مرورا بحجراته الكثيرة، وتقسيماته التي لم أجد سبيلا لإدراكها بعد، وصلنا أخيرا لبراح القصر، ساحة شاسعة مكشوفة السقف، لأرض واسعة خضراء نضرة على مد البصر، تبتهج لها الروح، ويذوب من حسنها الوجدان. نسمع أصوات ضحكات الأطفال عن بعد، هناك حيث يلعبون فيما بينهم ويتراكضون حول الشجر، تتمازج مع أصواتهم ترانيم العصافير، ونغم شدوها، متداخلا مع صوت انثيال الماء الرقراق. هذا والله من متاع الحياة الدنيا وزينتها. يلتف حول الأطفال فرسان يعملون على حمايتهم عن كثب، ينتشرون في زوايا متفرقة في تلك الأرض الواسعة، تتزين مساحاتها بالأشجار المثمرة، والنخيل الباسقة، والأزهار النضرة من كل لون وصنف. وبين هذا كله لمحت بئريْ ماء، بئر هنا وبئر هناك.. يا لجمال المنظر! ها أنا أبصر وجها آخر لنجْد، من داخل أروقة قصر الخضرمة، حيث الأمراء والوجهاء. ومن هناك بلغنا

بناء آخر على الجهة الأخرى من ساحة القصر، وإذا بباب كبير، يقف عن يمينه وعن يساره فارسان، فتحا الباب لنا عند إقبال إسماعيل عليهما، وما إن فُتح الباب إذا بفارس آخر يستقبلنا في الداخل. الآن فقط نكون قد بلغنا وجهتنا، إنه ديوان إسماعيل، تتوسطه المائدة التي تنتظر قدومنا، أو إن صح القول، نحن من يتوق شوقا للوصول إليها. تمتلئ تلك المائدة بخيرات من الطيبات لمختلف الأطعمة والمشروبات. كاد أن يسيل لعابي من فمي لولا أنني تداركته، فقد تعديت مرحلة الظمأ، وبلغت مرتبة السعار في حاجتي إلى الطعام، إذ إنني لست أذكر متى كانت آخر مرة أكلت فيها أو هنئتُ بها بشراب، فلم أبصر من إفاقتي بعد إغماءة الحرب في دار ميخائيل غير جدران تلك الزنزانة المشؤومة، إلا أنني وبعد ما آلت إليه حالنا هذه، أخجل من أن أصفها بالمشؤومة، فهي وبالرغم مما تجرعناه فيها من ضرب وتعذيب، إلا أن حكمة الإله ولطف تقديره في جرنا إليها تكشف لنا خيرا في نهاية المطاف بهذا المنتهى حيث خير منقلب، فصدق سبحانه حين قال في محكم كتابه: ﴿فعسى أن تكرهوا شيئا ويجعل الله فيه خيرا كثيرا﴾.

أشار لنا إسماعيل بيده اليمنى أن تفضلوا، جلسنا أنا وميخائيل جنبا إلى جنب، وعلى الجهة المقابلة جلس إسماعيل بعدنا، وما إن جلسنا حتى ابتدأنا الأكل باسم الله. اخترت أن

يكون التمر أول طعام يدخل معدتي بعد تباريح الجوع والظمأ القاسية، مستفتحا به أكلي، منتقيا إياه من بين كل خيرات الأطعمة في تلك الوليمة. أخذت آكله بروية وتلذذ، كم اشتقت لهذا الطعم! وكم يبدو شعور الشوق هذا غريبا! أمضغه وأستطيب طعمه في فمي، أحاول أن أهيئ جسدي لما سيتوالى عليه بعد هذا، لعله لا يستنكر الطعام بعد تعوّده الخواء، فاخترت التمر كما يختاره الصائم للفطر، تبركا به، ولكي يكون خير بداية تمهد الأمر لجسدي الذي اعتاد تسليم أمره لله، متناسيا الطعام، مسلوبا بانعدامه من الطاقة والقوة، فأي قوة بدون قوت؟ وأثناء ما كنت أتناول تمرتي الأولى، وأنا على تلك الحال من البطء، إذا بإسماعيل يخاطبني قائلا:

— خذ وقتك يا زاخر، ولا تحمّل نفسك ما لا تقوى عليه.. ففي هذه الليلة، أنا معكما، وكل وقتي لكما، سنتسامر حتى الفجر، إن رغبتما بذلك.

نقلت بصري إلى ميخائيل لعلي أدرك ردا له من نظراته، فبدا لي منغمسا مستكينا في أقصى فصول الراحة، مستمتعا في أكله وشرابه، مستلذا بتلك المائدة الطيبة. يتذوق بعضا من الثريد فيبتسم، ثم تنتقل يده لصحن الزبيب المجاور له، فيتناوله ثم يبتسم، وهكذا.. من لقمة لأخرى، كأنه في كل لقمة يلتقي حبيبا مغتربا عاد من سفر، فيحييه مُحتضنا إياه بابتسامته العذبة

تلك. انتبه لنظراتي الحائرة تأملا فيه، فأدرك مغزاها، وفهم معناها. ولا يخفى ذلك على نبه فطين مثله، فقد علم أنني أستنجد باستشارته عن تحفظي في تبادل الأحاديث والحكايا بطلاقة تامة مع إسماعيل. انتظرت ردا من ميخائيل، أترقب أن يشير إليّ بما يجب علي فعله حيال حيرتي هذه، فإذا به يصر حاجبيه على عينيه، ويقول مخاطبا إياي بنبرة عتب وعجب:

— إيهٍ أبا مضر، وماذا بعد ذلك؟ ما الذي تغير في دنياك بعد أن جاءك مضر؟

حاولت أن أستشف معنى من نظراته، توضح لي سببا لنبرة العتب تلك، لكنني لم أدرك أسبابا بينة لها، إذ كنت أرى تخوفي وتحفظي في الحديث لإسماعيل مبرَّرا، وفي محله. لم يشجعني أمر على الإجابة لولا تعهدي بدَيني الذي أدين به لميخائيل، والذي يحتم علي أن أجيبه عن كل ما يسأل عنه بتفانٍ وامتنان تام. تجاهلت ما أوجسه في نفسي من وساوس وهواجس، متجاوزا التفكير في تحفظي، ومجنبا مخاوف تكتّمي، غير معير شأنا لوجود إسماعيل البتة. وابتدأت إجابتي مكملا كلامي من حيث توقفنا في موضع حديثنا ذاك، فقلت موجها الخطاب لميخائيل:

— تقصد ماذا بعد أن وهبني الله زينة الحياة الدنيا بشقيها الثاني من بعد الأول، إذ حزت منها البنين بعد حيازة المال بفضل من الله وكرمه، كان كل شيء يبدو في نصابه، وعلى أكمل وجه، لو أننا وجدنا راحتنا في الوشم، إلا أن الأمور لم تؤل إلى الحال التي كنا نتمنى، فلم يكن لنا مستقر طيب نلتمس منه الراحة والطمأنينة في الوشم، إذ كانت الدويلات من حولنا معتلة بسياساتها، تقتات على فرقة القبائل وتنازعها في عالية نجْد. كنا وما زلنا في زمان، ما أكثر الوشاة والجواسيس فيه! تحتار فيمن تختار بين الناس، وتشك فيمَن يسمعك عسى أن يصدقك، وتتوجس خيفة من كل قول ينقل إليك أو يقال عنك، عسى ألا يلقى تفسيرا محورا ومعنى مغايرا في نفوس الناس. ومن بين تلك الجموع الغفيرة التي اعتادت الوشاية وامتهنت التجسس أناس وأجناس، منهم من تعود أراضيه إلى الحجاز، ومنهم من تعود للقرامطة، ومنهم من هو يسكن قلب اليمامة. ومع معمعة تلك الأوضاع لم يعلم بأمرهم أحد سوانا، كوننا عاشرناهم فأصبحنا نميز سماتهم، ونعرفهم من دناءة ما يتصفون به من تقديم مصالحهم على كل شيء، ولهاثهم لكسب المال والجاه بشراهة وجشع. أثاروا الفتن بيننا، إلى أن خضنا المعارك نقاتل لأسابيع طويلة، ونرتاح لأيام قصيرة. صنائعهم تلك تركت أثرا عميقا وجرحا يصعب اندماله، إذ إن

كثيرا من القبائل تضررت بما عاد عليها من وخيم أفعال أولئك الوشاة، قبائل صار النهب والسطو صنعتها. ومنها مَن اعتمد على يسير الرزق من زراعة المحاصيل وبيع حصادها، ومنها مَن أخذ بسبل التجارة سعيا في الأرض والترحال بين الأقطار، فاستمروا يرتحلون من دار إلى دار حتى إنك لا تكاد تراهم في حلهم إلا شهرا واحدا من كل سنة، وهكذا حتى أن...

قاطع استرسال حديثي ذاك قول إسماعيل سائلا إياي:

— وماذا عنكم أنتم يا زاخر؟

صمت ملتفتا إلى ميخائيل، أنتظر منه إيماءة أو قولا، وإذا به يخفض رأسه رامقا إياي بنظرات تأييد، تنم عن ترقبه إجابة ذلك السؤال. عقدت أصابع يدي، وأطرقتُ برأسي أتأملها بناظري، ثم أجبت سؤاله قائلا:

— نحن يا إسماعيل قوم يعود انتماؤهم إلى قبيلة كبيرة جدا، وأعني بجدا، العدد الذي لا سبيل إلى إحصائه وعده، حتى إن أبناء هذه القبيلة لا يجدون سبيلا لتمييز وجوه بعضهم بعضا! بل وقد يصل الحال ببعضنا أنهم لا يعترفون ببعضهم بعضا إذا لم يجدوا في تاريخ القبيلة رابطا يربط الطرف الآخر بهم، ويشهد لهم بمشاطرة أمجادهم الخاصة. قوم كسائر الناس، أخذتهم الدنيا بمختلف سبلها، من دروب خيرها وحتى أزقة شرها،

فمنهم من سلم نفسه لها واستسلم، ومنهم من صان عهده وأمانته، ومنهم الغالب وفيهم المغلوب، وفيهم الظالم ومنهم المظلوم. فهم قوم ينقسمون في حالهم، ويختلفون في أحوالهم، فترى فيهم من هو خيّر نير، تتمنى لو أنك لا تنقطع عن مصاحبته، ومنهم العكر الكدر الذي لا تبتغيه قربك، وتحاذر من وصله وذكر اسمه. ولكن، ولكيلا أبخس حقا، وأخفي حقيقة، ولئلا أظلم نفسي، وأقع في ظلم أي منهم، فإنه حق علي أن أبوح بأمر لا أحسب فيه تزكية لهم، إنما هو إكمال وصف، وإبداء حقيقة بهدف إنصاف، فهم وإن كان فيهم ما فيهم مما أسلفت ذكره، وقد يشهد بالأمر ذاته غيري من الناس ممن اختلط بشرارهم وتجرع من ضيم بعضهم، إلا أن الخير فيهم غالب، نتيجة تأثرهم بمبادئ رسخها الآباء من قبلنا، بأخلاق تجذرت فامتدت أصولها حتى الأبناء. وهكذا كان أبناء قومي كأغلب الأقوام الآخرين من نفس فروع القبيلة، معتدين بالوشم مسكنا وحصنا منيعا لهم، متمركزين في مرات وما يجاورها. ودون ذلك فمنهم عدد قليل ابتعد في موقعه عن تلك المراتع. أما فيما يتعلق بالتواصل فيما بينهم، فقد كان يجري عبر تفاهمات وجهاء وكبار القوم من كل منهم. وعادة ما يكون وجهاء وأمراء القبيلة قد تعاهدوا هذه الوجاهة والإمارة بالتوارث. وعلى الرغم من تشابه طباع هؤلاء الأقوام المتفرعين من أصل القبيلة نفسها، إلا أن لكل منهم

سمات تميز بها عن غيره؛ فمنهم من اشتهر بشجاعة فرسانهم وقوة جنودهم، ومنهم من نبغ في حرفته فامتهن الزراعة حرفة خاصة به، ومنهم من تمرس حفر الآبار، واشتهر بها، وما إلى ذلك من مجالات عدة لا أحصي لها عددا، تخدم شؤون الأمم، وترفع من قيمة القبيلة.

رفعت رأسي قاصدا شرب حفنة من الماء، أشعر بحاجتي لأروي ظمأ ذكرياتي هذه قبل أن أروي ظمأ جسدي. وما إن وضعت قدح الماء حتى كرر إسماعيل سؤاله قائلا لي:

— ماذا عنكم أنتم يا زاخر؟

ابتسمت، ثم أجبته قائلا:

— تخصنا بالسؤال على وجه التحديد، فلك الإجابة على وجه التحديد أيضا. نحن من تميّز بطلب علوم الآخرة.. والدنيا..

تفرسني بنظراته لبرهة، ثم أبعدها عني مخفضا رأسه، وفجأة، شخص بناظريه إليّ، وقال لي بنبرة تمتلئ صرامة وحزما:

— ومن منطلق تميزّكم هذا، وبمبادئ تلك العلوم.. قل لنا، ما قولك في الدولة الأخيضرية؟

ذهلت من سؤاله حتى إن حاجبي ارتفع فجأة بحركة لا إرادية، رفعت عيني أرمقه بنظرة حادة، وقلت مجيبا:

— الدولة الأخيضرية يا إسماعيل، كغانية عذراء بكر، يفتن
بجمالها القلب قبل البصر، ويتغنّى والداها لحسنها فخرا، تبرّ
بهما أيما برّ. واحتسابا لرضاهما تجامل في الرضوخ بالزواج كرها
لا طوعا، فتأسى حتى يتآكل فؤادها ألما، وتفيض مآقيها دمعا،
تظل تنزف روحها شيئا فشيئا، حتى تفقد نفسها، ويفقدها من
قد تفاخر بها، ومن قد أفنت حياتها حسرة في حسرة لتكسب
رضاه.

* * *

الفصل السادس

أروني ما ترون

لم أعر رده أي اهتمام يذكر، ولم يصب سهم معناه أي موضع في نفسي، حتى إنني مددت يدي لتناول التمر قبل أن يتم جملته وينهيها. وما إن وضعت التمرة في فمي، وبدأت في مضغها شيئا فشيئا حتى لفتتني ردة فعل ميخائيل المغايرة لفعلي تماما. وقع بصري على حال ميخائيل اللافتة، كان يرمق زاخرا بنظرات تفيض تعبيرا عن نظم الكلمات، سارحا ساهِم النظرات يتأمل وجه زاخر بشيء من الفخر والافتتان. فالكلام الذي وقع على مسامعنا واحد، إلا أنني لم أشعر بذرة من شعور ميخائيل هذا، ولعل تباين أحوالنا هذا عائد إلى اختلاف وقع الكلام على كلٍّ منا. ولكن الحقيقة التي أُدركها، وتزيد من اضطراب حالي الآن هي أن لكلام زاخر قيمة لم أقدرها، إذ فاتني استدراكها، ونجح ميخائيل في تلقّيها.

نظراته الحانية تلك احتضنت رد زاخر بتقدير بيّن لقيمته وقدره. نعم، لا يخفى علي أن ابن تميم هذا سيد في قومه، ساد بنبوغه في علمه، وتميز برفيع خلقه. كما أنني أعلم من أن زاخر أوتي من الفطنة والحكمة خيرا كثيرا، لكن شيئا في صدري يحجم كل ذاك، ويحدّ من انبهاري فيه، لا كبرا إنما ثقة واعتزازا يأخذ بمجامع نفسي، وكل عيني عن الالتفات لما اعتدت أن أراه، وما فخرت لحيازتنا إياه سنين طوال. فلا إنقاص لقدر نبوغ فكر زاخر، وحضور فطنته، ولكنهما وإن تميزا وتمايزا إلا أنهما لا يسابقان أو يستويان مع فكر وفطنة وجهائنا الذين ارتقوا

بدولتنا الأخيضرية. فشتان، إن كنا نقارن إجمالا دون تفصيل، بين ما هو محسوس وملموس، وما هو ضرب من قول متسق مدروس، فلا تتوازن الكفتان من كفة فلسفته وسيادة قوله إلى كفة أمجادنا وبطش أفعالنا. بل أين نحن منهم، وأين هم عنا! لطالما لفتني الفعل الجزل، وإن كان قوله مغيبا، أميز به كل فكر وأضمر به كل علم. وإن كان للإنسان خير يحوزه، فنفسه أحق به أولا، ثم أهله وأبناء عشيرته. فلماذا تراجعت حالهم، وكل هذا الخير منعقد في منطق يحوزه زاخر؟ فلو أن لفكرهم وفطنتهم أي جدوى لكانوا الأولى بها، والأجدر في تبيينها وترجمتها بما يرتقي بحالهم، ويرفع من منزلتهم على أن ترتقي بانتقادها لقوم آخرين.

ومن عصف هذه الأفكار في ذهني جاء استنكاري هذا، وثارت ريبتي من ردة فعل ميخائيل ونظراته المفتونة والسارحة والمسحورة في تقاسيم وجه زاخر بعد أن قال ما قال. فإن كنت أمتلك إدراكا للأمور، فهو قطرة في بحر إدراك ميخائيل، وإن كنت متمرسا خبيرا في فهم معنى الكلام، فليست خبرتي إلا ظلا من علم ميخائيل، فميخائيل بالنسبة لي خاصة، وللدولة الأخيضرية عامة، علم وقامة لا يختلف على كلمته اثنان. هو ذلك الرجل الجزل، العاقل الباذل، الحكيم الهمام، الذي يقدم سمعه على نطقه، يستمع ليدرك لا ليجيب، ينصت أكثر مما يتحدث، لكنه متى ما تحدث، ألجم الجموع،

وهذب النزوع، وكشف الخَدوع بقول مُذاع، يلزم الإيمان والخشوع. تجد كلماته تطبيقا في أفعالنا، ومحلا في نفوسنا جميعا بلا استثناء، ابتداء من والدي وحتى إخوتي وأنا، وأخي محمد كان كذلك، على وجه الخصوص. فميخائيل هو الرجل الذي تتابعه أبصارنا قبل أن يتحدث، وتلتمس أفئدتنا الرأي منه قبل أن يبديه. له مكانة تفوق مكانة المعين الناصح النصوح. وهو أهل لكل ذلك، فلا فضل ولا منة لنا في تمكينه، واللوذ بعرينه، إذ إننا مدركون تمام الإدراك أنه يبصر من الحكمة ما لا نبصره، بأهداف سامية، تضع نصب عينيها غايتيْ المحبة والسلام.

وبما عهدت وعهِد، وبما شهدت وشهِد، أراه ينتشي الآن! ولِمَ ينتشي يا ترى! فليس حديث نعمة، ولا جديد عهد بحكمة! لم أتمالك نفسي فضولا واغتباطا، فضربت على المائدة من شدة غِبطتي، ومازالت تلك التمرة في فمي لم أبتلعها بعد، وقلت لميخائيل:

— رويدا، رويدا.. أججتني غبطة من شدة انتشائك الواضح في ملامحك يا ميخائيل.. بالله عليك أطفِئ هذا التأجج، وقل لي يا رجل.. ما السهم الذي رماه زاخر بقوله، فأصمى به فؤادك ليفترسك بهذا الشكل المفضوح؟

ذابت ملامحه تسليما لقولي، وقهقه بضحكات عذبة، ثم قال:

— بالله عليك يا إسماعيل.. أتعتب وتتعجب؟ أنّى لك ألا تنتشي بذلك الوصف! والله إن لوقعه علي ضروبا وهبوبا، فإني إخاله، في نسمة هبوبه الأولى، قولَ شاعر من فرط حسنه وترقرق منطقه. فإذا ارتد معناه في حجيرات قلبي، وأثبت تمعنه، فهو قول حكيم طاعن في السن أميم. وإذا.. وإذا.. ضروب أمثلة بعدد لا يُحصى، وهبوب مشاعر بددت إذ مددت، لها منطق لا طاقة لي على إخفاء افتناني فيه، أفتشبيه كالذي قاله؟ وصف يختزل في لبّه الحال، من منظور يخالف منظور أبناء الدولة الأخيضرية! وكل ذلك في كفة يا إسماعيل، إلا أن نبلة قول زاخر طالتني، فتمكنت مني في موضع واحد، إذ إن قوله هذا كنت قد بصرت به من ذي قبل، فجاء ناظما قوله بوصف منسجم مع ما كنت أستشعره دائما، ولكني لم أتمكن من ترجمته في كلمات متناغمة مثلما فعل ابن تميم..

وضعت يدي على فمي، مسندا ثقل رأسي عليها، متأملا رد ميخائيل، أحاول أن أدرك عمق ما قاله زاخر أولا، لأستشعر ولو بعضا من شعور ميخائيل هذا، ثم أحاول أن ألتمس لقول ميخائيل معنى وبعدا آخر من بعد قول زاخر. أحاول.. وأحاول.. وتقف الاستفهامات بين محاولاتي تلك.. تعجبا من أن ما قيل

في هذه الأثناء هو أمر يفوق بعدي فكري وعقلي، حتى إنني لا أصيب له فهما، ولا أقدّر له قيمة. وجمت في صمت تضج فيه محاولاتي وأفكاري، أرفض أن أسلم لهذه الحقيقة، ولا أجد مخرجا لأرجيها عليه، فهل أنا فعلا أمام سقف يتعذر علي بلوغ علوه؟ لماذا أشعر بأن المكان أصبح أكثر دفئا.. بل حارا نوعا ما.. هل هو المكان من تغيرت حاله؟ أم أنه أنا؟ أنا من التهب جسده حرارة، تثور به مشاعره، وتفور به أعصابه. إنها شحنة الكبرياء تتقد فيّ وتشتعل حينما أخجل. احمرّ وجهي، وبدأ يتصبب عرقا. التفتّ إلى زاخر، فإذا به يرمقني بنظرته الحادة، مدركا سبب تبدل حالي، وتلون وجهي، فخفض رأسه تواضعا ما إن تلاقت نظراتنا. وميخائيل، هو الآخر، تبعثر انتشاؤه ذاك، وحلت عليه حال أخرى، وقد احمرّ وجهه خجلا. خلعت وشاحي من شدة حرارة جسمي، لعلي أدرك بعضا من السكون، وأقصيت نظراتي عنهما ساهم الطرف في فراغ المائدة، وإذا بزاخر يضع يده على ركبتي، ويقول:

— وإن كان في قلبي حسرة على مقتل أبناء قومي، أو بغض للدولة الأخيضرية، فحق القول يا إسماعيل بأنك أحكم وأعدل من رأته عيناي من ممثليها وساداتها. ولست ممن يرتقي بالعِلم لينتقص من غيره، فمن خير العِلم أن ترفع من شأن غيرك حين ترتقي. في الوقت ذاته، لست ممن يغلبه جبروت السلاطين أمام عِلم لا يفقه به، فالذّل أمام العِلم هو

من خيره. لا ضعف إن استشرت، إنما هي قوة. ولا عيب إن أخفقت، إنما هي فسحة لتبيان قدرتك على إصلاح ما أخفقت به. ولا تهبني وميخائيل في هذه المائدة أي مجال للراحة، فنحن في هذه الليالي الثلاث عون لك ولأمتك، طالما كان في الأمر خير مرتهن بصالح الجميع. وثِق أن ما يقال في هذه الدار، سيبقى فيها ملكا لك، لا يخاض به خارجها إلا بأمر منك.

التفتّ ببصري إلى ميخائيل، وإذا به ساهم الطرف، يتأمل زاخر، منتشيا مفتونا بكلماته، انتشاء يفوق حالته الأولى تلك. ولم تكن حالي بعيدة عن رضا ميخائيل هذا؛ إذ انسجمت بوقع كلمات زاخر، وارتحت مطمئنا لها، ولم أكن لأبلغ حالي هذه لولا ارتياحي لتسليم ميخائيل له، ولوجوده حاضرا بيننا. فاسترسال زاخر هذا، وتسليمه للرد، وإبداؤه للقول لم يأتِ توددا لي، ولا تطلعا لإبهاري وكسب رضاي، إنما هو سداد دَين يدين به، وسرد حديث يبتغي فيه إرضاء ميخائيل، وإيمانا بإيماءة واستزادة أبداها له ميخائيل، إشارة منه للبت في رأيه إيجابا بشأني. وأنا في الوقت نفسه، لم أبصر في زاخر الحكمة إلا من عين ميخائيل، لا تقليلا لما يتسم به زاخر من دهاء، إنما قصورا بما حصلته من عِلم منعني عنه ثراء الدولة.

لم أجد لنفسي حيلة أمام ما قيل إلا أن سلمتهما أمرها، خاضعة للعِلم، طالبة نصيحة الخير فيه، بغية الرقي بها وبالأمة.

وضعت يدي الأولى على ركبة ميخائيل عن يميني، والثانية على ركبة زاخر عن يساري، مقلبا ناظري بينهما بنظرة فقير للعلم، طالب للعون، وقلت:

— إيهٍ يا زاخر، ويا ميخائيل.. دعاني أرَ ما تريان في تلك البكر العذراء..

بالرغم من أنني كنت أنتظر إجابة زاخر على وجه الخصوص، للاستزادة منه بتفسير يوضح لي ما أسلف ذكره، بتفصيل وتدليل، إلا أنني قصدت ضم ميخائيل في ندائي وفي نظراتي، إذ التفتّ إليه منتظرا ابتداء قوله، احتراما وتقديرا لسنّه وإجلالا لمكانته. ولكن حالي لا تخفى عليه، فأنا مكشوف أمام شخصه الذي يعرف طبعي، فهو بصير بي، يدرك مقصدي، ويعلم نيتي. وما إن تلاقت نظراتنا حتى أبعد بناظريه عني قاصدا زاخرا، رفع حاجبيه، وارتسمت ابتسامة دافئة على محياه، يحث زاخرا على الإجابة، ثم أخفض رأسه، ووضع كفا على الأخرى، وأسندهما إلى المائدة. الآن، تنحى ميخائيل، وقد سلم الراية لزاخر، تاركا المجال له ليدلي بدلوه. كلانا يمعن النظر في زاخر، نترقب قوله، منصتين بكامل حواسنا إليه. احتدت نظراتي من فرط تركيزي، أرقُبه فيما سيقوله. وبينما نحن على تلك الحال كان زاخر مستريحا منبسطا في جلسته، شاخصا بناظريه بعيدا عنا نحو

المائدة. وفجأة، رفع رأسه باتجاهي، مركزا بصره نحو عيني، وقال:

— آه يا إسماعيل.. ماذا عساي أن أقول؟ إن الدولة الأخيضرية بكيانها العظيم، وجبروتها المتين، وجمالها الأخاذ الذي يتمثل بحلّة قلب اليمامة، لهو ما يتمنى ملكه وحكمه كل مَن تخفى عليه نصوص العلوم، جاهلا مآرب الأمور. إنها العذراء البكر الغانية التي استغنت بجمالها عن كل زينة لا تتأصل فيها، بجمال ما تحويه وبما فيها، بسحر بيوتها، ودفئها النابع من تراصّ معظم جدرانها الحجرية عوضا عن الطين، ومن شهي أطعمتها المستساغة التي لا يجد المرء سبيلا لعدها أو إحصائها، ومن بهاء ممراتها وأزقتها المزينة بأسرجة منيرة تبعث الطمأنينة في نفس كل من يمر بها، ومن حسن رائحتها العطرة الزكية التي تعلق في ذاكرة كل عابر سبيل، فلا يغيب عنه حسنها أبدا، يُغني بها ذكرياته، ويعلل بها شوقه إليها. إن اليمامة بحلتها هذه تكاد تكون أختا صغرى لحلب، تزدان بمثل زينتها، وترتقي بمثل رقيّها، ولكنها تائهة لا تستبين طريقها. تخبطها هذا من إدراك طريقها يمنعها من بلوغ ذروة تمام حسنها، ويعطلها عن تأدية دورها على أكمل وجه، فتكون بذلك ناسخة لتزيين وتعميد، تابع لا متبوع، يقاد ولا يقود، بلب وفكر يرى ويؤمن في نفسه بأن الزينة غاية يسعى لها، لا وسيلة ينتهجها. ولكنها، وبالرغم من ذلك كله، لا تعلم حجم مصابها،

ولا تدركه في حين هي تنعم بتفاخر أمرائها ووجهائها بها، غاضين الطرف، أو متناسين، أو بالأحرى جاهلين حقيقة ما وجب عليهم السعي إليه ليتفاخروا به.

وما إن بدا انتشائي بقول زاخر، مستمتعا بفهمي لما يقوله، إلا وقد اختطفه مني بعودته إلى طلاسمه فيما يضمر من المعنى بحديثه، فقاطعته قائلا:

— بالله عليك يا زاخر.. أشكر صبرك علي، وأقدر لك أنك تؤتيني سؤلي هذا، فإني والله طامع بتواضعك، طامح للاستدلال بعلمك، والاستظلال بفهمك، راجيا منك أن تسايرني في شرحك عن شؤون أمتي كما تساير طفلا صغيرا.

خيم الصمت لثوان معدودة بيننا، فهمت أنهما كانا ينتظران مني أن أضحك بعد كلامي ذاك، إذ كانا يظنانه طرفة مبطنة ألقيتها، وما إن بدت ملامح وجهي تتغير وتغدو جادة، واحتدت نظراتي تعكس تركيزي وانتظاري لشرح زاخر، إذا بهما ينفجران ضاحكين مما قلته، فما كان مني إلا أن بادلتهما الضحك، مع أن جدية سؤالي كانت قد بدت جلية لنا جميعا. وحين فرغنا من الضحك، أكمل زاخر حديثه قائلا:

— يا إسماعيل.. لا يخفى عليك ما وصلت إليه الدولة الأخيضرية من تطور، بعد طور تأسيسها واستقرار أمورها وشؤونها، لاسيما بعد نزوح جدك محمد ووالدك يوسف

الأخيضريين من الحجاز. فمن بعد ذلك القرار، تخللت طريقهما، بدءا من نزوحهما إلى تلك الأراضي، عديد من المعارك الدامية حامية الوطيس، إلى أن وصلا إلى الخضرمة وقد اتخذاها مركزا يديران منها شؤون قلب اليمامة على وجه الخصوص، طمعا في تمكين حكمهما في أراضي اليمامة كافة، مضافا إليها عالية نجْد. ومنذ ذلك اليوم الذي تمركز به آباؤكم بالخضرمة، تجلت خيرات حكمهم؛ إذ أصبحت اليمامة أكثر تحضرا من ذي قبل. فبسبب ندرة الموارد بها، فقد كانت اليمامة مهمشة في السابق من قِبل دول الخلافة والدويلات المجاورة. أما اليوم، وبعدما تبدلت حالها نتيجة لسياسات الأخيضريين، أصبحت أرضا عامرة، درة آسرة، يفتن بها كل عابر، وتهفو إليها نفس كل مهاجر، ويصبو لأرضها كل مسافر، ويطمح رغبة في حكمها عدد ليس بقليل، من القرامطة، وقبائل عالية نجْد، وحتى أتراك الحجاز.

التفتّ إلى ميخائيل أثناء حديث زاخر هذا، وإذا به يستمع إلى زاخر مبديا اهتمامه باغتباط وبهجة، مستمتعا باسترساله، فعدت بنظري إلى زاخر مستمعا أنا الآخر لقوله بإنصات، وإذا به يكمل:

— وما لرغبة تلك الدول باليمامة إلا أن تكون الدليل على نجاح الأخيضريين في تأسيس معقلٍ قد أصبح ذا شأن عظيم، بل وقوة تسهم بصياغة سياسة المنطقة وتبديل أحوالها بما

تشاء. وهذا لم يأتِ من قوة بذلوها وحسب، إذ طالما وجِدت تلك الجيوش القوية، القادرة على اجتياح المدن، إلا أنها تكون عاجزة عن تأسيس مدينة واحدة. وطالما وجِدت جيوش أخرى ضعيفة مزعزعة القوى، كالأخيضريين في بداية ظهورهم بالحجاز، حين تعثرهم في مواجهة قوى الحجاز، ولكنهم كانوا حكماء في اتخاذ قرار الابتعاد، والعزم على القدوم إلى نجْد، لتأسيس كيان جديد لهم. وهذا يا إسماعيل ما تميز به آباؤك؛ المبادرة في تأسيس الكيان..

سرحت مفكرا بكلماته، محاولا إدراك ما وراءها، وإذا به يكمل قوله:

— فقد وجَد آباؤك ووجهاء قومك أنهم، من بعد تلك الحروب التي مروا بها قبيل التأسيس، قد أقبلوا على زمن تأسيس الدولة التي يختلفون فيها عن تلك الدول التي حاربوها استعراضا للقوة ليس إلا. اختلاف معني بآليات اتخاذ القرار، وآليات إدارة بيوت الدولة المعنية بالمال والكساء والجيش، وما إلى ذلك من شؤون الأمة. وكان ابتداء ثمرة الاختلاف هذا هو بيت الشورى، الذي أتاح المجال لوجهاء القوم لأنْ يدلوا بدلوهم، ويُبدوا آراءهم، ويتشاركوا أفكارهم، ليناقشوا فيه شؤون الأمة ومتطلباتها، ويرفعوا منه الأعراف ليصادق

عليها أمير الدولة الأخيضرية، وهو متيقن من أنها أعراف متفق عليها من رحم خيرة أبناء أمته.

نقلت بصري باستنكار بين ميخائيل وزاخر، ولم أصبر عن التصريح بانتقاد منطق قوله، فقاطعت حديث زاخر قائلا له:

— يا للعجب! وهل ترى في ذلك عيبا يا زاخر؟

فتبسم لي، وأكمل مجيبا:

— ليس بعد.. فحتى الآن ما من عيب يشار إليه، بل إن ما ابتدأته الدولة الأخيضرية كان بمثابة أفضل البدايات التي يمكن للدولة أن تبتدئ بها، فيصبح منهاجا يحتذى به. فقد كان لتلك البداية فرصة تتيح رد الدَين لوجهائها؛ بإتاحة المجال لهم لرعاية أقوامهم بتلك الأعراف التي تحقق أعلى فائدة يرجونها عبر بيوت الدولة. بل إن الأدهى من ذلك كله هو ما كان متمثلا بانتشار ثقافة الشورى بين أبناء الدولة الأخيضرية، فإضافة إلى انتقاء وجهاء القصر ليكونوا بالصدارة، بمراتب يستشيرهم بها الأمراء، أصبح يمكن لكافة الناس ترشيح وجهاء لهم يمثلون آراءهم في بيت الشورى، وهذا والله ما لا يتخيل وجوده أي كائن من كان في نجْد. وإن دل ذلك على شيء فإنه يدل على حكمة أمراء الدولة الأخيضرية. فاليوم، لم تعد الأعراف العامة في دولتكم قائمة في حكمها واحتكامها على قرار رجل واحد، خيّرا كان أم فاسدا، بل إن زمام الأمور موكلة إلى وجهاء وصلوا إلى

سدة القرار من رحم الأمة، وأعني بذلك شعبها. فلك أن تتخيل ما يدب في نفوس أبناء الدولة من نشوة وحماسة، شاحذة هممهم، ومنشطة عزائمهم، لتطلعهم وإيمانهم بقدرتهم في أن يصبحوا ذوي شأن، يشاركون ويحكمون لصالح أعراف أمتهم. وليس ذلك نتيجة جهد يذكر أو عمل حثيث يشكر، إنما بمشاركة صوت يوصل من يمثلهم في بيت الشورى، صوت أرادوا بمشاركته ترسيخ الحكمة وإحقاق العدل.

ارتسمت البهجة على محياي، وبات انشراح صدري واضحا حيال ما يقوله زاخر. التفتّ إلى ميخائيل وإذا به يصغي بملء حواسه، وكأنه يسمع رواية حدث يألفه ويترقب جزءا مثيرا فيه، كفيلا في التأثير بي، وقلب حالي المرتاحة بدهشة. اشتعلتُ فضولا، وعدت بناظري متوترا إلى زاخر، فإذا به يهم مكملا حديثه:

— ومَن منا يا إسماعيل لا يسعى لبلوغ التمام وتحقيق الكمال؟ مَن منا لا يرغب في أن تعلو به الرتب؟ ومثلما هي حالنا فهي حال أبناء الدولة الأخيضرية أجمع، فهم يسعون إلى التمكين من خلال بلوغ مراتب الوجهاء، فيقصدون أبناء الأمة بزيارات وجولات للسماع منهم، والإلمام بمعرفة متطلباتهم، وحصر ما ينقصهم، والتماس احتياجاتهم، متباهين ببلاغتهم وثراء عِلمهم، آملين بأن يكسبوا ثقة الأمة في أن يكونوا حماة

لأقوامهم، وحماة لديارهم، من ظلم نظام الدولة عليهم، إن أوشك أن يقع. وما إن يبلغوا مرادهم، ويتمكنوا من مقاعدهم في بيت الشورى حتى يبدأ كل فرد منهم في استغلال خيرات ما في جعبة بيوت الدولة لتلبية احتياجات هؤلاء الأقوام، فيحكم ببناء بيوت عمل جديدة ليعمل بها قوم فلان، وتوسيع بيوت أخرى ليجتهد في إدارتها قوم فلان، وهلم جرا من الأمور المحسوبة والعائدة لصالح قوم على حساب آخرين.

غادرَني ارتياحي، واعتراني ارتباك جلي منذ شعوري بأن ميخائيل يترقب شيئا ما في حديث زاخر، فقد ملأني الفضول في انتظار اللحظة التي سأصاب فيها بالدهشة. وبينما أنا كذلك، أكمل زاخر حديثه قائلا:

— وما شاء الله يا إسماعيل.. فمنذ أن ابتدأ جدك محمد مشواره بتأسيس بيت الشورى، وإذا باليمامة تزدان يوما بعد يوم، من يانع ثمار ذلك الجهد، ما بين دور علومِها، وحتى دور منسوجاتها، ودور جمع زكاتها. وحين تمشي في ممراتها ترى فروعا لهذه وتلك في كل زاوية. ومن ذلك كله فإنك تشهد أبناء اليمامة اليوم يعيشون منعمين في كنف حياة مترفة كريمة مديدة. ولن تجد فيهم من يفتقر إلى أناقة لباس مزخرف يتفاخر بها، لكي يفتقر إلى مسكن أو مأكل! ففي هذه الدولة، ومن اليوم الأول الذي يولد فيه المرء وحتى مماته؛ أي إلى آخر يوم في

حياته، تراه ينعم بدعم وامتيازات، تضمنُها أعراف وجهاء الأمة في بيت الشورى، فكل ما هو من شؤون تعليم المرء، وامتهان حرفته، وإنجاح مهنته حتى قوت يومه، وتشييد مسكنه، وما يدخل في شؤون زواجه، وكفالة حياة كريمة لأبنائه، هي أمور تتكفل بها الدولة بطريقة أو بأخرى، تفصيلا لا إجمالا، ليعيش المرء في سربه آمنا، ويسعى في أرضها بأمانها، تغنيه عن سعيه المعتمد على جهود فرسان الدولة وجيوشها، الذين يحيل بهم الأمر مثلما حال به. ففي هذه الأمة، المرء المحدود في دهائه وفطنته يعيش بين أهله وأحبته دون الحاجة لشيء آخر. فما بالك بدُهاتها والنابغين من أبناء القوم؟ فترى ثراءهم يزداد أكثر وأكثر، حتى يتزلف بسطاء القوم إليهم، ويبتغون قربهم وكسب رضاهم. وبذلك كله فإن كلا منهم ابتغى مكاسب حصل عليها، وأن كلا منهم عاش بأمن وسلام. فأنّى لامرئ ألا يرغب بأن يكون ابنا لهذه الأمة؟ فهذا النعيم الأسطوري سبب وجيه يجذب عديدا وعديدا من أبناء عالية نجْد، أو أبناء الحجاز أو الأحساء، فتراهم يتسابقون للعمل والعيش في قلب اليمامة، طلبا للرزق، وسعيا لحياة كريمة كاملة لا يعتريها كدر همّ نيل الرزق. وكثرة هؤلاء النازحين لقلب اليمامة بغية كسب العيش الطيب والحياة المرفهة أصبح أمرا مزعجا لأبناء أمتكم، فبذلك تكون أعمالهم عرضة للانحدار، نتيجة لكثرة من ينافسهم عليها من بسطاء الأقوام النازحين من خارج حدود اليمامة. وهنا جاء دور

بيت الشورى بتفعيل دوره من قبل وجهائه؛ بتشريع ما يقنن تلك الأمور، بسنِّ عرفٍ يحد من أعداد البسطاء الداخلين إلى قلب اليمامة في كل فترة، مراعاة لمهن أبناء الأمة وحرفهم، وصيانة حيازتهم لخيراتها.

فأجبته باستغراب، قائلا:

— رغم أنك تدرك ذلك يا زاخر! إلا أنك لم ترضخ وقومك لجيوش الدولة الأخيضرية التي ابتغت ضمكم للدولة، فقاومتموها حين قُتل أخي محمد.

ابتسم زاخر في وجهي، فالتفتّ إلى ميخائيل وإذا به يُدني رأسه مبتسما هو الآخر. عجبا! ما الذي فوتّ فهمه هذه المرة أيضا؟ عدت بناظري إلى زاخر أترقب إجابته، فقال يخاطبني بتودد:

— يا إسماعيل.. نعم، قد شهدت جمال قيام الدولة الأخيضرية في بداياتها.. أما اليوم، فأعيد قولي لك مكررا إياه، لن يرغب بأن يكون ابنا لهذه الأمة إلا مَن تخفى عليه نصوص العلوم، جاهلا مآرب الأمور. وأظنّ أنيّ ممن أُوتي من العِلم قليلا لأُدرك مآرب تلك الأمور. فإن أحسنّا ظننا بكم، فلعلنا نرى بكم ما لا ترونه في أنفسكم. وإن أسأناه، فلعلنا نعلم بمآربكم في النهوض والارتقاء القائمين على فقر قومنا. وفي كلتا الحالتين، لا عجب مني أو من قومي أن نقاوم هذا الانضمام لدولتكم.

ابتسمت لجوابه ابتسامة تخفي خضوع حالي لقوله، وقلت له:

— آه يا أبا مضر.. ها قد حدثتني عن غانية عذراء قد فُتن بجمالها القلب قبل البصر.. فاروِ لي عن أساها الذي أكل فؤادها، وفاضت به مآقيها دمعا.

* * *

الفصل السابع

نشوة فك الوثاق

كان سؤال إسماعيل عن الأسى مثقلا بابتئاس يفيض من عينيه، غضضت الطرف عنه مترويا في إجابتي، ملتفتا إلى ميخائيل بحيرة، فإذا به يرفع رأسه، ويعلق نظره بعيني، منتظرا إجابة السؤال هو الآخر.. أبعدت عيني عنه، ومددت يدي إلى المائدة قاصدا صحن التمر، أنتظر أن يقطع لجة الصمت تلك أحد منهما. لكن.. لم يتفوه أي منهما بكلمة واحدة، خيم الصمت علينا، وما زلت أشعر بحدة نظراتهما تتربصان بي، منتظرة ردي.. أتردد في الإجابة لا لشيء، إلا أنني لست واثقا فيما إذا كان إسماعيل سيعي ما سأقوله له أم لا. ولست مطمئنا حيال ما سأقوله، فلست أدري فيما إذا كان سيصب قولي بنفع لصالح أمته ومن حولها أم لا، ولست أريد أن يمتثل بي قول العرب من أن مقتل الرجل بين فكيه. فما إن أنهيت أكل تمرتي تلك، حتى مسحت يدي بقطعة القماش الملقية على حجري، ثم رجعت بجسدي عن المائدة مبتعدا عنها، وقلت بنبرة جادة، وأنا أنظر وسط عيني إسماعيل بحزم:

— أجيبك لا لعلم عندي، إنما هو فضل من الله يسره لي وسخرني له، فإن أصبتُ في قولي وأصبتَ في فهم معناه، فذلك توفيق الله، وإن أخطأتُ فيه وأخطأتَ إدراك مضمونه، فمن أنفسنا والشيطان.

ارتسمت ابتسامة رضا على شفتي إسماعيل، وقال ردا على كلامي:

— وهو كذلك يا أبا مضر.. امضِ بقولك يا زاخر، وخذنا في ركبك بما يعصف به ذهنك، فما قولنا إلا ﴿بسم الله مجراها ومرساها﴾، ﴿وإنا إن شاء الله لمهتدون﴾..

لمعت عيناي لقوله، وتبسمت شفتاي، وسكنت نفسي؛ فقد هدأ اضطرابي ذاك من استشهاده بالذكر الحكيم، وبدأت قولي مرتاحا مطمئنا أردد ما ختم به قوله:

— ﴿وإنا إن شاء الله لمهتدون﴾.. يا إسماعيل لا يخفى عليك أن الناس في هذه الدنيا يتباينون وينقسمون إلى أشكال وألوان وأصناف مختلفة ومتعددة، في صفاتهم وسماتهم، الشخصية منها أو الشكلية أو الفكرية. فمنهم قوي البنية الأمين، رفيع الخلق الكريم. ومنهم معتلّ الصحة المسكين، ينظر لله وللمحسنين. ومنهم الفقير المغلوب، ذو العمل الدؤوب. ومنهم المتثعلب الماكر لكل وشاية حاضر، ضعيف النفس، كثير الأفك. خلقهم جميعا، في تعددهم وتنوعهم، واحد أحد، فتبارك الله في خلقه. وكما قسم سبحانه مصائرهم في الآخرة إلى جنة ونار، فإنه كذلك قد قسم أقدارنا في الحياة الدنيا باختلاف؛ لحكمته. فمنا من يسلك فيها طريقا يسيرا، ومنا من يسلك طريقا عسيرا. وقد يُبتلى المرء بالسهل، ويظنه ينعم به لرضا الإله عنه، حاسبا نفسه من أهل الله وخاصته، والعكس بالعكس يا إسماعيل.

قاطعني مؤيدا حديثي، إذ قال بحماسة:

— أحسنت وأصبت يا زاخر.. عسى الله أن يرحمنا برحمته جميعا. نعم، أكمل ما ابتدأت به، واعذر مقاطعتي لك..

تبسمت مبيحا مقاطعته لي، مكبرا فيه تأدبه، ثم أردفت قائلا:

— ولله في خلقه شؤون؛ إذ ميز سبحانه بين عباده في أنواع الابتلاء، فتباينت أحوالهم تبعا لذلك، فمنهم من حمد وشكر، فكان خيرا له، ومنهم من سخط وغضب، فعاد شرا عليه. ومن هذا كله تختلف أحوال الناس، ويتمايز سيرهم ونهج خطاهم التي يسيرون عليها في حياتهم. فمثلا، وخذ هذا على سبيل المثال لا الحصر، تجد قوي البنية بينهم لا يأكل ما يكفي جسده وحسب، إنما يجتهد في الحركة والعمل، مستغلا ما امتلأ به جسده لينعم بصحة وعافية. أما ضعيف البنية فحاله مغايرة لذلك تماما، وهذا نتيجة، في الغالب، لأحد أمرين، إما سوء تدبيره أو تواضع فكره، أو ربما لغير ذلك من الأسباب التي لا ألمّ بها. فإن أكل المرء ما يكفيه وأكثر، دون حركة يستهلك بها ما في جسده من طاقة مأكله ومشربه، وظل يأكل دون بذل جهد وحراك، ستراه يزداد سمنة يوما بعد يوم، حتى يصل به الأمر إلى عدم القدرة على التحرك، فيرتمي بجسده معتلا مريضا، يشكو من علة، ويئن لعلة أخرى. وما أشبه هذا المثال بحال الدول اليوم! فالدول رغم تعددها وانقساماتها، فهي لا تخرج في هيكلتها عن إحدى هاتين الفئتين من الناس يا إسماعيل.. أيا كان

موقعها؛ تقع شمالا أو جنوبا، شرقا أو غربا، وأيا كانت حقبتها التي تعاصرها من حقب الزمن، تاريخا، حاضرا أو مستقبلا، فحالها تماما كحال البشر، وأعني في إسقاطي هذا أن مالها هو أكلها، وتجارتها هي حركتها التي منها بركتها وتجدد نشاطها، إذ إنها تأكل المال الذي تجنيه لتبقى على قيد الحياة، وتتحرك بتجارتها مستغلة هذا المال لتنعم بتطور حضاري واقتصادي دائمَين مستدامين..

اعتدل إسماعيل في جلسته، وقاطعني بلهفة سائلا:

— قد فهمت ما تعنيه يا زاخر، لكن، ماذا عن اليمامة خاصة؟ أيشبه حالها حال القوي الأمين؟ أم الضعيف كثير الأفك؟

تبسمت بغير شعور لحماسة إسماعيل وتلهفه الواضح، فلم ينفك عن مبادرته بالسؤال ومقاطعته الدائمة لحديثي بتعجل ولهفة. وقبل أن أجيبه، لمحت تبسم ميخائيل الذي بدا عليه الاستمتاع بالحديث جليا، من عميق إنصاته، وتوقد عينيه، فأجبته مكملا حديثي، قائلا:

— إن اليمامة المتمثلة بالدولة الأخيضرية يا إسماعيل قائمة على بيت المال الذي تُجبى إليه الأموال من ثلاثة مصادر رئيسة. فالمصدر الأول، والمتمثل في تسعة أعشار المجمل، هو من الضريبة المفروضة على القرامطة وأهل الحجاز، الذين ينقلون قوافلهم التجارية وقوافل الحجاج بين الأحساء والحجاز، مرورا

باليمامة في كل سنة. أما المصدر الثاني، وما يتمثل في نصف العشْر، فهو من تلك المبالغ المفروضة على تجار اليمامة، على أنواعها وما هو منها؛ من زكاة أو رسوم استئجار لأراضي الدولة، أو رسوم لخدماتها المختلفة. ويبقى المصدر الثالث، والمتمثل في نصف العشْر الأخير، فيأتي من تلك الغنائم التي يحصل عليها بيت المال من فتوحات جيوش الدولة بعدما تستقطع حصصها.

انتبهت لارتخاء حواس ميخائيل، فتبسم لي فور التقاء نظراتنا. كان صامتا إلا أنني أشعر بما تنطق به تلك النظرات، وما تنم عنه حاله، إخاله يقول في نفسه: "ها قد ابتدأ فصل الحديث الذي لن نبلغ انتهاء منه قبل طلوع الفجر". أنزل رأسه، وابتعد قليلا عن المائدة، متكئا بظهره إلى الجدار، وتلاقت نظراتنا، يترقب إكمالي للحديث، يملؤه الفضول في الكيفية التي سأقصدها، والماهية التي سأترجم بها حال الدولة الأخيضرية. ابتعدت بناظري عنه، وأكملت حديثي مخاطبا إسماعيل:

— وبمرور الأيام والأعوام، كبرت الدولة الأخيضرية شيئا فشيئا، وتكاثر أبناؤها، ومن ذلك تزايدت مصروفات بيت مالها، إذ إن أمره عائد لإمرة بيت الشورى الذي يأمر وينهى كيفما يشاء، وبما يراه مناسبا، ويأتي نتاج أوامره ومنهياته متصلا بما يتعلق بمصروفات الأمة، انعكاسا على رفاه عيشها وتفاوته. وقد بلغ الأمر ذروته يا إسماعيل، إذ وصلت الحال بالدولة إلى أن تحكم بصرف الجزء الأكبر مما يجنيه بيت المال كل سنة، ومتى ما

دعت الحاجة لما هو أكثر، أو إذا قصر ما في بيت المال عن تلبية المطلوب جراء تعثر تجارة القرامطة أو الحجاز، فإن الأمر محكوم ومعقود في حمحمة الجياد، وإشارة الجواد، فتجهز الجيوش، وتسل السيوف، وتفتح الجبهات لفتوحات جديدة، ابتغاء حيازة الغنائم لا لشيء آخر، وسعيا لرفع حصة الغنائم لسد عجز بيت المال. وهنا بالضبط.. تبدلت القضية!

ضحك ميخائيل، وأردف قائلا يتابع حديثي من حيث أنهيته:

— هكذا تأكل الدولة، لتنتفخ سمنة حتى تمرض..

فقاطعه إسماعيل دون أن يتم جملته، بتساؤله قائلا:

— مهلا يا ميخائيل، وماذا إن تبدلت القضية لصالح الدولة؟ فأي علة تأتي بالمرض بعد أن تمكّن بيت المال من سد مصروفاته والتزاماته لأبناء الدولة بحيلة أو بأخرى؟

فأجبته قائلا:

— أبدا يا إسماعيل، لا مشكلة في ذلك، حتى إنني أتفهم استنكارك هذا وأراه في محله بالمجمل لا بالمضمون! إذ إن لا عيب تطال به القضية في مجرد تبدلها، إنما العيب كامن في انعدام خير المعرفة بقصد إدراك صالح الدولة. وأعني بذلك يا إسماعيل، أنك مثلما وجدت القبول لتبدل قضية الدولة، فإنه من الواجب عليك بالمقابل أن تقبل بتبدل قضية الوجهاء في بيت الشورى، أو الوجهاء الذين عُينوا في مرتبة مستشارين

للقصر، أمثال عكرمة الذي أصبحت قضيته الأولى متعلقة بنطاق سلطته، لا في حماية الأمة، مما خوله التجرؤ على ولي عهدها. وعكرمة مثال عابر، وليس قاعدة حصر، إنما قس على حادثته مثالا يمكن إسقاطه على حالات عديدة من هنا ومن هناك.

تنهدت بعمق، ثم أكملت حديثي، وقد شخصت بناظري بعيدا عنهما، وقلت:

— بين رمشة عين ولحظة زمن يتغير أمر، ويستجد آخر. وبين الغد والأمس تفنى أهوال وتتبدل أحوال. فما بالك بأعوام طوال؟ هل حال أيامنا الأُخر التي انقضت مماثل لحال أيامنا الحاضرة هذه؟ لا يخدعنك زيف تنكر بعض الأمور الشكلية باستقرار ذكراها أنها باقية على عهدها، فحتى لو تشابهت أمامنا تفاصيل جزئية منها في بعض ظواهرها، إلا أنها قطعا لا تناظرها بالتمام والكمال في أصلها وباطنها مضمونا لا شكلا! فهل يخدعنا الشبه الهش لنظن أن الحال ما تزال واحدة، تماثل تاريخا مضى وعصرا اندثر؟ يا إسماعيل.. هكذا تتبدل الأحوال مع تتابع الأجيال، فتُتوارث الثقافة بتجدد أطيافها، ليصبح الوجهاء في وقتنا الراهن في حال مختلفة كل الاختلاف عما عهده جدك الأمير محمد الأخيضري من وجهاء الأمة في سابق عصره. ففي السابق، كان بيت الشورى يبذل ويسعى بكل ما أوتي من مال وجاه، وتمكين من قوته ورجاحة حكمة أفراده لصالح أبناء الدولة جميعا، معاملا إياهم ككتلة واحدة تمتثل بالجسد الواحد، بحيث

لا يميّز قوم فلان عن قوم آخرين، وذلك لأن قضيتهم بالأساس واحدة، لم تتبدل آنذاك. أما اليوم، فقد تبدلت الأمور، وتغيرت الأحوال، فلكل وجيه في بيت الشورى أقوام انتخبته بثقتها، وأوصلته لمكانته هذه، ممكّنة إياه مما هو عليه الآن بما شرع لها من حق انتخاب ومشاركة، ليبذل بما منح له من حكم وسلطة بفضل إيمانهم به. فتراه يسعى في عمله لنيل رضاهم، وتوفير احتياجاتهم قدر استطاعته. ولا يتم ذلك كله إلا بنسج تحالفات، وبذل تنازلات لصالح وجهاء آخرين، بطريقة أو بأخرى، فحواها أن تكفل له تحقيق مبتغاه في إرضاء أبناء قومه. وقد يهتدون إلى سَنّ أعراف تخدم أطراف التحالف، تضع تلك الأعراف متطلبات أبناء قومهم نصب عينيها، وموضع اهتمامها الأول، وأولويتها القصوى، غاضة الطرف عن أبناء الدولة إجمالا، بل إنها قد تسهم في التسبب بالضرر لهم.

أخفض إسماعيل رأسه، وقد بدت على ملامحه علامات الانبهار والذهول، إذ أدرك أمرا جديدا، غاب عن تأمله، لم يجد لتفسيره أو للتثبت منه سبيلا في أيام عمره الماضية، فقد ظل خافيا عنه بتفاصيله وتبعاته العظيمة حتى هذه اللحظة. أكملت حديثي بنبرة خافتة، مراعاة وطبطبة حانية لحاله، لعلي بذلك أهوِّن من شدة وقع الأمر عليه، وقلت بهدوء، قاصدا إياه في كلامي:

— أي إسماعيل.. دعنا مما نشهده الآن، وعد معي بذاكرتك إلى تاريخ نشأة الدولة الأخيضرية؛ منذ أيام نشأتها الأولى وبداية عهدها المجي؛ أي في حقبة جدك الأمير محمد رحمه الله. في تلك الحقبة تحديدا، لم يكن هنالك مجال متاح في الأعراف، وفي مختلف تشريعاتها، يُمكّن أي امرئ كان، بأي طريقة ينتهجها أو أي اجتهادات أو أي مساعٍ يفتعلها، من أن يقوم بأمر واحد يتوصل بنتيجته إلى تقديم مصلحته على مصلحة الدولة! فقد كانت مصلحة المرء تابعة لا متبوعة، ونتيجة ثانوية لا هدفا أساسيا، إذ إنها لا تتحقق في تلك الحقبة إلا بتحقق مصلحة الدولة فقط، كانهمار الغيث إذ يقصد الأرض بخيرات قطرات المطر بإذنه سبحانه، فتنتفع منه بما شاء الله لها به، دون تخصيص أو تنفيع لحقل دون آخر. فإن عدم إمكانية تخصيص النفع لمصلحة خاصة في ذلك الوقت لم يأتِ من نزاهة تفتقدها النفوس في هذه الأيام، أو بسبب تواضع فكر من عاشوا في تلك الحقبة، بل كانت بواعثه الرادعة له متلخصة في عدم توافر أي سبل مؤدية لتلك المصلحة على وجه الخصوص، وذلك من شدة رصانة الأعراف التي سنّها بيت الشورى، وأحكمَ تفصيلاتها التي تحول دون أن يتخلّل دستورها أي ثغرة أو مسلك أو مدخل يتيح للمرء أن ينتفع بمصلحة خاصة له أو لأبناء قومه، أو يكون من شأنها أن تعود بضررها على الدولة عامة، أو على طائفة خاصة غير الطائفة المنتفعة تلك.

تنحنح إسماعيل، فصمتُّ أترقب قولا يُبديه، لكنه مد يده قاصدا قدح الماء، يروي به جفاف حلقه من فرط توتره، فأكملت حديثي قائلا:

— وما بين اليوم والأمس، هنالك اختلاف شاسع لا ينازع فيه منازع. فدعك مما تراه، وأغمض عينيك معي، أغمضهما عن كل هذه الملهيات التي من شأنها أن تحول بين رؤية إبصارك وإدراك بصيرتك، لتخدعك بزيف يقصيك عن فهم حقائق الأمور، وتفكيك عقدها. فاليوم يا إسماعيل، وبعد أن تبدلت قضية الدولة، تبدلت معها قضايا أبنائها. وتبعا لتبدل الحال فقد حورت الأعراف حتى تجرأ بها من تجرأ، متيحة فرصة لكل ضعيف نفس، وكل من أراد لنفسه خيرا على حساب أبناء أمته بأنانية وقصور رؤية وهوان نفس. وما زاد سلاسة ذلك له شيءٌ كمشروعية ما يقوم به، فهو يحصل على مراده المقصود وفق الأعراف، وما تنص عليه بنودها! فلا خيانة يوصم بها، ولا عقوبة يجازى بها، ولا من قاض يدينه بذنب، ولا من حكيم يأمر به ليسجن. يبقى أمره مُرجأ ليوم الحساب، ليحكم فيه رب العباد. ولك أن تتخيل من هذا كله ما يمكن أن تؤول إليه شؤون الدولة، من مصالح مخصوصة تهمش مصالح أخرى، وحقوق ممنوحة تعتلي ناصية حقوق أخرى، شيء يمنح من هنا وبعض يسلب من هناك. وبين هذا وذاك ينتشر البغض وتعمّ الكراهية، ويكثر العداء، ويقل الإخاء، فيواجه الناس بعضهم بالحسد والنفور، وإن

ثبت شيء في نفوس الأجداد فإنه يبقى خالدا، يورثونه في دماء الأحفاد قبل الأبناء، فترى الأجيال تتلاشى وتفنى، إلا أن الحقد المضعف للنفوس يبقى متوارثا في أجيال تتعاقب بعد رحيلهم، بالثقافة نفسها، وأسس التعامل، وطبيعة المساعي، حتى بلغ الأمر ما بلغ، مما تراه وتشهده؛ جيل لا يقيّم المرء بما يبذله من عمل يديه وعرق جبينه وصنائع فعله، بل بما يقال ويتناقل بين الناس عنه، لتنعقد القيمة بزيف القول لا بحقيقة الفعل. فما كان لهذا التوارث إلا أن يجعل من أسوأ ما يُفعل أمرا لا يدان، ولا حتى ببغضٍ عابر، إنما يُشاد بدهاء الفاعل وفطنته إذ انتفع، وإن ضرّ ذلك غيره، بعرف جاهل.

وبينما كان ميخائيل مسترخيا في جلسته، مستمتعا بترجمة الحال في وصفي ذاك، كان إسماعيل في وضع مغاير له تماما، مغموما مهموما، عاقد الحاجبين، تأخذه أفكاره بعيدا، سارحا بنظره إلى المائدة، يحدق في الفراغ، منشغل البال، يجلس بجسده بيننا، وقد أبحر بأفكاره وهواجسه بعيدا عنا، تخاله في إبحاره قد وقف أمام لجة أمواج عاصفة ورياح عاتية، تتراقص سفينته في وسطها اضطرابا، من هول ما أدركه، بعد أن وضعت النقاط على الحروف، مستدركا حقيقة ما آلت إليه حال الأمة. أكملت حديثي مناديا إياه، لافتا انتباهه وتركيزه:

— يا إسماعيل.. لا عجب ولا عتب من كثرة الخلافات، وتفاقم النزاعات بين وجهاء الدولة، إذا كثرت في المقام الأول بين

الوجهاء والأمراء أنفسهم! فقد تصل الحال من شدة هوله إلى أن تجد بعضا من أفراد أبناء الأسرة الأخيضرية يستغلون نفوذ وجهائهم للضغط على وجهاء بيت الشورى، ولماذا يا ترى؟ لكي يتميّز عن أبناء عمومته، ويتقدم عليهم في سدة الحكم! وقد تجد آخر من أبناء العمومة يقوم بالأمر ذاته خارج حدود بيت الشورى، بين أروقة الساحات، خفية وبدهاء تام! إذ يأمر وجهاءه، ويوزعهم بين العامة لإقناعهم بأن هذا الأخيضري خير وأنفع من ذاك. ونتيجة لتبدل قضايا الأخيضريين بهذه الحال، فقد انقسم تحالف الوجهاء إلى ثلاث فئات في ولائها الخاص وتبعيتها، إذ تختلف باختلاف علاقتها مع الأخيضريين عامة، ومع من هم في سدة الحكم خاصة. ومن تلك الفئات وتنوعها، اختلفت الآراء وتباينت فيما بينها، وسط فئات مؤيدة وأخرى معارضة تجاه أي انتقاد يوجه إلى السّدّة. والسّدّة هنا لا تعني بالضرورة الأمير، فلكم ولكم شهدنا من المواقف بتنوعها، خوضَ الوجهاء من حوله في تفاصيل أعماله بشكل مباشر، إذ إنهم قادرون ومخولون لفعل ذلك. ولكن ما نعني به في السّدّة هنا، هو ما يأتي بمعنى تلك المجموعة التي تقود الدولة داخليا، أيا كانت مناصب أفرادها. سواء أكانت آراء أم أصواتا خاضعة، تردد بغير وعي، وبانصياع تام، ما أُسِر قولا إليها، هاتفة بصوت واحد: "نعيش كالملوك."، وفي أبسط الشؤون المتعلقة بأفعال تلك السّدّة، تحشد الجموع لتردد قولا واحدا يمثل رأيا لقّنته إياه، غاضة طرفها

عن أي مساوئ مزعومة كانت أو حتى مشهودة. ومتى ما استطاعت لذلك سبيلا، فإنها تأتي بحجة لها وتختلق الأعذار دفاعا عن نفسها. وعلى الجهة المقابلة، تصدح آراء أخرى مخالفة لما سبق، يتلازم نقدها تباعا مع أي تقصير يصدر من السّدّة، وكأنها في الوقت ذاته تتعمد غض الطرف عن أي محاسن تتسم بها أفعالها، بل إنها تتسابق في التشكيك، وتجتهد في التقصي بحثا عن أي علة من شأنها أن تظهر الجانب السيئ لأي فعل أبدى الناس به إعجابهم، وصفقوا له إجلالا وتقديرا.

تلون وجه إسماعيل، وبدت على ملامحه تعابير الاشمئزاز والبغض جلية، تأسفا على حال الأمة، تتلألأ عيناه ببريق من الشجن. ظلّ يرمقني بالنظرة ذاتها التي يلمؤها الفضول، منتظرا مني أن أتابع قولي، فأكملت حديثي قائلا:

— ومع ما يلفّ كلا من تلك الفئتين من غموض وخفايا لا نملك لحصرها سبيلا، تجد الفئة الصامتة منهم، والتي لا حول لها ولا قوة، متعطشة لأي فعل أو عرف يشرع ليسد احتياجاتها، ويزيد من فرص رفاهيتها، وترف عيشها. وفئة أخرى يتمحور أساس تفكيرها حول أصل القضية؛ فما يحكم تحالفاتها هو القضايا التي تتفق مجمعة عليها، واضعة مصلحة أبناء الدولة نصب عينيها، وترى فيها أولوية قصوى، معاملة إياها ككتلة واحدة، قدر استطاعتها وبما مُكِّنت به. وكما أن لكل أمر تبعاته، فقد كان لمجانبة الصواب في الفجور بالخصومة نتائجها الوخيمة،

بزرعها للشك عند هاتين الفئتين، وما بينهما، راميا كلا منهما على هامش الأمل، لتنضما إلى تلك الجموع، المؤيدة أو المعارضة، بقصد تحقيق مصالحهما، وسد احتياجاتهما في زمن رفاهية لحظي، يدنو أوانُ زواله يوما بعد يوم. وإذا ما نظرنا في أمر الفئة المؤيدة فطالما انتفعت بأمور تصب في صالحها في هذه الحقبة، وفق أسسها المبنية على التعامل بالتملق والتسلح بالإشادة بما لا يستحق الإشادة به، قبل ما يستحق، من أجل إرضاء السّدة التي أسلفنا التطرق لها بالذكر. وأما الفئة المعارضة فقد رأت أن الضرر قد تفشى فيها؛ في أفرادها، وحتى فيمن هم حولها من بقية أبناء الدولة، في ظل وضع يلزمها أن تسعى جاهدة للعب دور المعاون الذي يناصر الضعيف، لتأخذ بيده، وتحمي حقوقه، وتلوذ عنه من تلك المجموعة التي سمحت لنفسها أن تضطهد الضعفاء، بما يخدم تطلعاتها، ويلبي مصالحها. وحتى إن كان الأمر نسبيا، مختلفا في تقديره من فرد إلى آخر، ومن زمن إلى آخر، فما الفائدة المرجوة منه؟ وما الذي تبدل به؟ فإن هم شاؤوا أم أبوا، فإن ذلك لا يغير أمرا، ولا يقدم خيرا، فها هي الدولة الأخيضرية تواجه مصيرها، وتشهد زمنا تسجل فيه تراجعا في أعمال بيوتها وتطلعاتها، وسبل إدارتها، بما يتجاوز ما وجد في بيت المال من مال. وقد مرت عبر أزمنة كان بها المعارض في يومنا هذا حليفا للسّدّة، كما مرت بأزمنة أخرى كان فيها الحليف في يومنا هذا يعد معارضا للسّدّة ذاتها! وإن اختلفت المعايير،

وتبدل الأفراد، فالمشكلات واحدة، إلا أن المشهد يعاد تكراره مرارا، فينتفع به من ينتفع، وتبقى الخسارة ثقلا تتكبده الدولة الأخيضرية، من جور حكمهم، وبطش أفعالهم، وهمجية تفكيرهم بغير تحكيم عاقل، ولا تفكر منطق ينُطق به.

كانت نظراتي تتنقل بين إسماعيل وميخائيل أثناء حديثي، وكانا في حالين متضادتين تماما. فميخائيل هادئ ساكن، أما إسماعيل فقد كان مضطربا قلقا، كأن الريح تحته. وكنت، متى ما اشتد بي الحماس من جدية ملامح إسماعيل التي تعكس إدراكه وإصغاءه لما أقوله، التفت بناظري إلى ميخائيل فأستمد الراحة من ارتخاء حاله، والسكينة من شعوري بانتشائه بكلامي الذي تكشفه نظراته. لكني، وبالمجمل، كنت أتحدث بطلاقة وتفصيل، بإسهاب المطمئن المرتاح، إذ إني أدركت من تجاوب إسماعيل وتعابير وجهه أن قولي هذا قد فُهم معناه، وأصاب جدواه، بل أكاد أجزم من أنه مؤيد له من فرط اهتمامه وتنبهه لما أشرحه. أكملت حديثي بثقة مطلقة، وقلت متمّا ما بدأته:

— إن التباين الذي ينتج من اختلاف طبائع الناس، وما يعملون وفقا له بمبادئ، تجعلهم منقسمين ما بين سمو أخلاق وعقلانية ومنطق، وما هو نقيض لذلك تماما. فعدّدا معي من بين كل هذه السمات الحسنة والسيئة، من شغف ونفور، وإجلال ونكران، وسعي وتخاذل، وبذل وجحود، وخيانة ووفاء، ورضا وطمع، يتصف هذا بتلك ويتحلى ذاك بهذه، ليختلفوا

ويتباينوا وفق صفات تلونهم وشخصيات تميزهم، بما تمليه عليهم ضمائرهم، وتنصاع لتنفيذه جوارحهم. وتحكيمُ العقل في أمر هذا التباين واجب، فليس لهذا التباين أدنى حق في أن تُسلّم له راية قيادة الدولة، بل إن الحق للنظام أن يقرّر ما يجب أن يحكمها في القيادة. وليس العيب بالضرورة كامنا في فرد بعينه، إن كان فردا من السّدة وقد سوّلت له نفسه التسبب في إثارة فتنة، بفساد فعله، كما أنه ليس محصورا فيمَن عارض وفجر في خصومته، ولم تكن له حجة بينة إلا بعد تشخيص اختلافه، إنما العيب موسوم في نظامٍ جمعهم، وسمح لهم وفق أعرافه الممنوحة للسّدّة ووجهائها أن يقوموا بما هو فاسد، وما هو خارج عن الأعراف الحقيقية التي تقصد المنفعة العامة، فسادا قد يخيل للسّدّة بأنه ينجم عن مساعٍ قصدت المصلحة العامة. وهذا التصور قد يخدم قضايا، ولكنه في الوقت ذاته يضر بقضايا أخرى، هي أكثر عمقا.

عقد إسماعيل حاجبيه، ورفع رأسه مميلا إياه، واضعا يده أسفل شفتيه، كأنه يبحث عن معنى أضاعه، تتفحّصني عيناه بوجه تملؤه الحيرة، تبدُّلُ حاله هذه أوضح لي بأنه لم يفهم مقصدي في قولي ذاك، فأكملت كلامي قائلا:

— اسمع مني يا إسماعيل.. إن المعضلة التي نواجهها ليست تلك المعضلة الأخلاقية أو الاجتماعية أو السياسية أو الدينية وحسب، إنما هي معضلة اقتصادية بحد ذاتها، وهذه

المعضلة تنشأ عنها آثار سلبية في شتى المجالات سالفة الذكر. فإذا استمرت الدولة معتمدة في احتكامها ومرجعيتها إلى قوانين تفتقر للمقومات الاقتصادية الرصينة، فلن تجد حلولا منطقية لتلك المعضلة. وهذا لا ينافي ذاك، فلا شك من أن الإصلاح السياسي أمر ضروري، ولكن نفعه قد لا يصب في المصلحة العامة إن لم يدرك الوجهة الاقتصادية الصحيحة. وهذا كفيل بصنع نظام سيئ بعد عقود من الزمن، تماما كالنظام الذي نشهده الآن في الدولة الأخيضرية. فعند العودة إلى تلك المعضلة الاقتصادية المتمثلة بمجموعة كبيرة من الاختلافات الصغيرة المتراكمة، يمكن الجزم بأن أغلب خلافات الفساد، التي تبدو مرفوضة وفقا للأعراف الحقيقية، منشؤها سلوك الإنسان، سواء كان من السّدّة أو من مؤيديها أو من معارضيها، أو حتى من المحايدين، ذلك السلوك المندفع برغبته في إشباع احتياجاته المتمثلة بالمال أو السلطة أو الجاه. ولحل تلك العقد يجب أن نلتزم السعي الحثيث لإصلاح جميع الأعراف التي سنّت منذ أن تبدلت القضية، وخاصة تلك الأعراف المتعلقة بالتجاوزات غير المقبولة وفقا للأعراف الحقيقية الهادفة لتحقيق الصالح العام لأبناء الدولة. ولكن هذا الأمر أشبه بالمستحيل، كون وجهاء بيت الشورى هم من يتعايشون، منتفعين أو متضررين، مع تلك الاختلافات وما تورثه لنا من عقد تواجهها الدولة الأخيضرية اليوم، منتجة بدورها صداما ونزاعا يعيد الحال إلى البدايات، إلى

حيث تبدلت القضية أول مرة، لتتولد عنه قضايا اجتماعية وسياسية جديدة، ومنها قضايا اقتصادية أخرى، مكونة لنا تلك العقدة المتشابكة.

قاطع ميخائيل استرسالي بتساؤله، قائلا:

— وهل هناك عقدة غير متشابكة يا أبا مضر؟

فأجبته مبتسما:

— نعم يا ميخائيل، فليست كل عقدة متشابكة. فما أعنيه بالمتشابكة، هي تلك العقدة الكبرى التي تتشكّل نتيجة نشوء عقد صغيرة متعددة ترتبط فيما بينها. ويبدأ هذا النوع من العقد بظهور عقدة واحدة صغيرة، تتسبب هذه العقدة، بدورها، بظهور عقدة صغيرة ثانية، وهذه الثانية تولد عقدة ثالثة، وهكذا واحدة تلو الأخرى، وصولا إلى العقدة الأخيرة التي تفاقم من مساوئ الأولى، وتزيد من تعقّدها. ويتكرر الأمر ابتداء من العقدة الأولى منتجا آثارا أكثر سوءا من ذي قبل. هذه الآثار كفيلة بزيادة مساوئ العقدة الثانية التي تتسبب بزيادة مساوئ العقدة الثالثة، كما تؤثر الثالثة في العقدة الأخيرة، إلى أن يعود التأثير للحلقة الأولى من السلسلة. ولك أن تتخيل كيف يمكن أن تكون نتائج العقدة الأخيرة عودية على العقدة الأولى. وبذلك، يكبر حجم العقدة، تلك التي كانت ولدت من رحم نمط العودية المرتبطة بنشوء العقد الصغيرة.

أنهيت حديثي، وصمت أقلب ناظري بينهما. كانت ملامح إسماعيل أشد حيرة مقارنة بحاله التي كان عليها قبل أن أشرع في تفسير كلامي له. أما ميخائيل فكان يحلق في نشوته بعالم آخر، ترتسم على شفتيه ابتسامة واسعة. بادلته التبسم، فما إن لبث إلا أن قال لي:

— إيهٍ يا أبا مضر.. إني أدرك وأرى من قولك هذا، أن لك غاية قد شُغفت بها، تتمثل في فك وثاق ما قد تعقد والتبس من الأمور والمسائل، لحل عقده، وتبسيط معقّده، فأدلِ بدلوك يا صاحبي، وكلنا لك آذان مصغية.

* * *

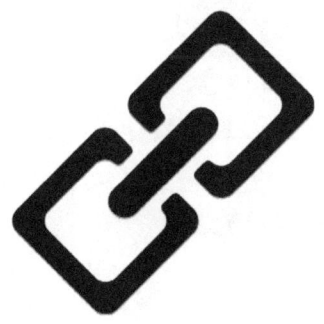

الفصل الثامن

شباك الريعية

وها أنا الليلة، بحال غير تلك التي استهللت بها قدومي، وبصورة لم يخطط لها. ابتداء من كونها مائدة ضيافة، إلى ملحمة تاريخية، جثمت حقائقها على صدري، فاتحة أمامي أبوابا بمصاريعها، لأمور لم أعرها انتباها يوما، ولم أملك حيلة لفكّ مغاليقها. ورغم كل ما تمثّل أمامي من أمور جسام، وما تبين لي من علقم واقع حالنا المرير الذي يدمع له القلب قبل العين دما وحسرة، إلا أنني لم أفقد رباطة جأشي، كأن الله سبحانه قد أمر أن تحل سكينته علي قبل ابتلائه. فقد كانت مشاعري في تلك اللحظة أقرب إلى الذهول من التوتر. لم أكن أتعرق فزعا من هلع، ولم تزدَد حرارة جسمي لغضب، رغم أنني أشعر بشيء من الامتعاض. ولم تتسارع نبضات قلبي من خوف، رغم أنني أشعر بشيء من الاضطراب. لم يفتعل جسمي أي علامة تترجم تلك المشاعر العويصة التي يصعب علي تصنيفها أو حتى تسميتها. ففي نهار اليوم نفسه، كنت متعكر الصفو، متعللا مشغول الفكر في أمر واحد، إذ كنت أظن أن مقتل أخي محمد قد كشف لي الأمر الأعظم، وهو خيانة من ولّيناه الأمانة، ومنحناهُ الثقة. وكنت مغموما بذلك الأمر الذي لا يفارق هاجسي، بل ويُقضّ له مضجعي، متسائلا كيف يمكن أن أميّز أمثال عكرمة، وأسقط أقنعتهم، لأنهي المسألة برمتها، وأحسمها لصالحنا، ولا أكثر من ذلك ولا أبعد من شطه. أما الآن، فقد تبين لي، الآن وأكثر من أي

وقت مضى، أن المصائب تُهوّن من بعضها؛ فعظيمها هين أمام ما هو أعظم منها، وما يتبعها.

آه يا أخيضرية.. فداكِ عمري بما بقي من أيامه، فداكِ قلبي وما يتدفق من دمائه، فداكِ عزمي وعزتي يا أرض أجدادي، ويا روض أمجادي. أفديك بمن أراه ومن يراكِ، ومن تطاول في حماكِ، ومن تنكر عن هواكِ. وكيف يطيب عيشي ويهدأ بالي وهذه حالك؟ أكان كل هذا الأسى مدفونا في خباياك، ونحن نطأ أرضك، ونحصد من طيب خيرك، وننعم بلذيذ ثمرك، ونطرب من نغم لحنك، جهلا بحالك وما صار إليه مآلك.. أكان هذا النغم الذي يطربنا أنين مضغة معتلة؟ صاحت من فرط ما تلاقيه من بؤسها، فطُرِب السامعون لشدو شجنها.. لم أكن أتخيل، ولا للحظة واحدة، أن الأسى الذي وصفه زاخر في تشبيه العذراء بالدولة الأخيضرية كان بهذا الشكل. كنت قد سألته باهتمام نعم، مترقبا ردا معتبرا وسببا وجيها، متأهبا لعلة ما، متأكدا من أن رده سيسوؤني ويحزنني، لكني لم أتوقع أبدا حقيقة كهذه. فالمسألة ممتدة في جذورها ومتأصلة بتبعات متتالية من عقود انطوت، بإشكال معقد عائد على نفسه ومتشكل من لب واحد. فحتى حين بدأ زاخر في استرساله بالحديث، ظننت في كل مرة أنه سيتوقف إلى هذا الحد، وسيختم قوله بأن المشكلة انتهت إلى هنا. وفي بادئ حديثه، كنت مصغيا له بحماسة، متلهفا لسماع رده، أستبق كلامه بالأسئلة، بل إنني كنت أقاطعه في إطنابه متى

ما عجزت عن كبح جماح فضولي. إلا أنني الآن بحال أخرى؛ فحماسي ذاك انطفأ، وانشداد ملامحي ارتخى. وجمت صامتا من شدة ذهولي، يعجز لساني عن الانفلات بالحديث بطلاقة وطيب خاطر. أكتفي بإيماءة، أو بما تنمّ عنه ملامحي من تعابير استغراب وحيرة، تجسد ردي وتترجم حالي. كنت أصغي لحديث زاخر كمن يستمع لطلاسم تروى عليه من لغة يجهل النطق بها، ويعلم في الوقت نفسه أنها تنسف تاريخا تغنّى به، وتشكك بأمجاد مستقبل يساوم عليه، وتواجهه بجهله، فصدق من قال: "ولم أفهم معانيها ولكن.. ورت كبدي فلم أجهل شجاها". وما يثيرني في هذا الرجل، ليس علمه وحسب، إنما إلمامه بتفاصيل دولة آبائي، واختزالها لي في ليلة واحدة وبإدراك تام، وأنا ابن هذه الأرض، وسيد في هذه الدولة، أعجز عن إدراك واستيعاب الأمر من شدة وقعه علي، وأنّى لي أن أطيق لذلك سبيلا! انتبهت إليهما بعد صمت زاخر عن إجابة طلب ميخائيل بأن يُدلي بدلوه، لفك وثاق ما قد تعقد والتبس. رفعت رأسي أترقب رد زاخر، فإذا به يخاطبني قائلا:

— وماذا يقول إسماعيل في طلب ميخائيل؟

أجبته بسرعة بالغة، فقد كنت أنتظر فرصة لأبدي امتناني لكل منهما، فقلت وسط حيرتي تلك:

— يا أحبة؛ أبا مضر وميخائيل.. إن كان لهذه الليلة نصيب من الجمال، فهو بفضل ما طاب لي من بهاء صحكبتما الطيبة، ومجلسكما الذي لا أمل سماع حديثكما فيه. وأنا، وإن كنت بفضل من الله مضيفا لكما في مأكل ومسكن، وكم يزيدني ذلك رفعة وشرفا، إلا أنكما قد أغدقتما عليّ فضلا، أورثني خجلا، بكريم حرصكما ونبل طبعكما فيما شاركتماني إياه من علم لم أكن لأدركه، ولا أملك مفاتيحَ وسبلا لقصده. فأدلِ بدلوك يا كريم القول، وأجب ما يقول السّول، وأتم بقولك ما بدأت، لأدرك ما تبقى من علم حزته ولم أنله. أدلِ بدلوك يا زاخر، وأنا لك ممتن شاكر.

خفض زاخر رأسه مبتسما بابتسامته العذبة على استحياء، ثم رفع رأسه ببطء، وقال وعيناه تنظران إلي:

— الشكر لله يا إسماعيل.. والفضل منه سبحانه، وخير العلم ما وقع نفعه متعديا إلى الغير، وحسبنا أنك من المنتفعين بالعلم. وأما تتمة قولي فهي أن حال أمتكم كحال الأب الذي يرعى أبناءه من يوم ولادتهم حتى يوم مماتهم، في مسكنهم ومأكلهم ومشربهم، وحتى قوت يومهم؛ يرعاهم بكل ما يملكه من ماله الذي يكد ويكدح لكسبه، من مصدر رزق واحد، لا يعمل في سواه، ولا يتقن غيره. فأمتكم هي تلك الدولة الريعية التي تقوم على ما يُصرف لها من ريع بيت المال الذي يدار من قبل بيت الشورى، وبما يحكم به من أوامر تخصّ ما يتم صرفه داخل

حدود الدولة. ويقوم ما تقدّر نسبته حتى تسعة أعشار من ريع بيت المال هذا على ريع ضرائب القوافل التي تنتقل في مسيرها بين الأحساء والحجاز مرورا باليمامة. واستنادا لأعراف بيت الشورى، يتوجه هذا الريع إلى السّدّة التي تطرقنا لذكرها، لتقوم بمهمة إدارة مسائل توزيع الثروة عبر بيوت الدولة إلى أبناء الدولة أجورا لأعمالهم، وإلى بيوت الدولة لأغراض تحسين أعمالها وسد احتياجاتها، وإلى قطاع التجار على شكل مواثيق تهدف إلى سد حاجات بيوت الدولة.

كنت أسرح بفكري مع كل تطوّر في تفاصيل ما يقال، أفكر وأتفكر في تمكن زاخر من كشف ما يدار وما يُعمل به داخل بيوت الدولة. فلا عجب بانكشاف مآرب الدولة وأسرارها له، إذ كشفت استغلال أمرائها من ضعاف نفوس احتوتهم الدولة، لقصور أعرافها. تنبهت لما يقال، عائدا بتركيزي لحديث زاخر، مستمعا لتلك التفاصيل، بحسرة. فإذا به يكمل حديثه قائلا:

— وبناء على ذلك يا إسماعيل، يكون ريع ضرائب القوافل هو مصدر دخل أبناء الدولة الأخيضرية عامة، عدا مجموعة واحدة تصنف ضمن قطاع التجار، وتعتمد أعمالها، بشكل مباشر، على تصدير ما تنتجه من احتياجات وبيعه إلى خارج حدود اليمامة. ومن تبعات الجدل المحيط بهذه المسألة، وفي ظل زخم تعقيداتها، قد يلتبس الأمر عند بعض الوجهاء معتقدين بانعدام وجود تأثير ما في أي مجموعة في حال ارتفاع أو انخفاض قيمة

ضرائب القوافل التي يحصلها بيت المال. ومن بلوغنا لهذا الشأن، فإننا لن نتطرق إلى الحديث عن بيوت الدولة لارتباطها بعلاقة وطيدة مع ريع ضرائب القوافل، بل سنسلط الضوء على قطاع التجار؛ لارتباطه بأطراف لا تجمعها أي علاقة ببيوت الدولة البتة، كمجموعة التجار الذين يقدمون الخدمات أو الاحتياجات العامة للناس، وما سوى ذلك من تجار. فإذا كانت المجموعة من قطاع التجار لا تعمل على تصدير بضائعها إلى خارج حدود اليمامة، فهي بلا شك تعمل على سد احتياجات العامة داخل اليمامة وحسب، أي أن ما تركز على استهدافه هو حاجة الأفراد داخل حدود الدولة. ويختلف مجال عمل هؤلاء الأفراد الذين يشكلون المجموعة المستهدفة؛ فمنهم من يعمل في بيوت الدولة، أو لدى تجار مرتبطين بشكل مباشر مع بيوت الدولة، أو لدى تجار آخرين غير مرتبطين بشكل أو بآخر مع بيوت الدولة، كالمجموعة التي نشير إليها، أو لدى تجار قائمة أعمالهم على تصدير الاحتياجات وبيعها خارج حدود اليمامة، والذين يشكلون نسبة ضئيلة جدا. ففي حال كان التهديد مرتبطا بريع ضرائب القوافل، فلا شك من أنه، من خلال تقليل مصروفات بيت المال، سيمس وبشكل مباشر أبناء الدولة الذين يعملون في بيوت الدولة أولا، والذين يشكلون نسبة كبيرة من المجموعة المستهدفة من قبل هذه المجموعة من قطاع التجار، كما سيمس، في المقام الثاني، أبناء الدولة العاملين لدى التجار الذين

ترتبط أعمالهم بشكل مباشر مع بيوت الدولة، ويعود سبب تأثرهم بذلك إلى سياسات تقليل المصروفات عند التجار، الناتج من اعتمادهم على مواثيق مع بيوت الدولة التي تغيرت سياساتها، مواكبة لسياسة تقليل الصرف في بيت المال الذي جاء نتيجة لظهور ما يهدد ريع ضرائب القوافل. وآخرُ من تطوله القائمة، بالمرتبة الثالثة، هم أبناء الدولة العاملين لدى التجار، والذين لا علاقة تربطهم ببيوت الدولة، وذلك نتيجة لسياسات تقليل المصروفات عند هؤلاء التجار إثر انخفاض قدرة عامة الناس على الشراء منهم. وبناء على كل ذلك يا إسماعيل، فإن المستفيد من هذا كله هم أبناء الدولة العاملون لدى التجار القائمة أعمالهم على التصدير إلى خارج اليمامة فقط، وسبب اقتصار ذلك عليهم دون غيرهم هو عدم وجود رابط بين أعمالهم وبيوت الدولة، أو كمية المال المتداول داخل حدود اليمامة.

لم يصمت زاخر، إلا أن قهقهة ميخائيل قاطعت حديثه، وتوقف ملتفتا إليه، فأردف ميخائيل قائلا وسط ضحكاته:

— لم تُصب مقصدك يا زاخر في تبسيط الأمر هذه المرة، إذ ينم إطنابك فيه عن قراءتك لحال التجارة في الدولة الأخيضرية وحسب. ولكن، لعلك بذلك تفسح لي مجالا لأشارك بنصيب من هذا الطيب، وأنتشي بتفسيري معقبا لما تفضلت به من قول، فأكسب بذلك إدراك إسماعيل لأُخفّف من حيرته المعقودة بها ملامحه. فلنعد إلى ما بدأت به أول القول، حين شبهت الدول

بالبشر، فإن ما قصدته في قولك يا زاخر هو أن الدولة الأخيضرية لا تتحرك لهضم ما تأكله من ريع ضرائب القوافل، بل إن مرضها يزداد يوما بعد يوم، ومتى ما جاء ما يهدد ريع ضرائب القوافل فإنه سيهدد كذلك كل من يعمل داخل حدود اليمامة، سواء كان عاملا في بيوت الدولة أو عند التجار.

رفعت رأسي متأملا قوله، أدركت حينها بأن جموع التجار في اليمامة لا يشكلون من متانة اقتصاد اليمامة شيئا، بل إنهم قد كلفوها من الثمن ما كلفوها نتيجة خوضهم وتدخلهم بما يملكونه من مال وجاه، ليحركوا ما شاء لهم أن يحركوه من شؤون الأمة من خلال وجهاء بيت الشورى، بغية تحقيق ما يخدم مصالحهم وأعمالهم. ابتسم زاخر لميخائيل بابتسامة عريضة، وكأن ابتسامته تلك جاءت تعبيرا عن انتشائه بما قد اتضح على ملامحي، من استدراك أصبته بفضل تعقيب ميخائيل. فقال مكملا حديثه:

— أحسنت يا ميخائيل.. والسّدّة، بمفهومها سالف الذكر، هي حلقة الوصل التي تربط بين ريع ضرائب القوافل وأجور القوى العاملة داخل حدود الدولة. وكون الكفاءة في بيت تحصيل الضرائب، الذي تشكل قواه البشرية جزءا صغيرا من إجمالي القوى البشرية في جميع بيوت الدولة، هي ما يؤثر في إجمالي ريع ضرائب القوافل بصورة حصرية، فإن انعدام الكفاءة في بيوت الدولة الأخرى لن يشكل أي تهديد يذكر على دخل القوى

البشرية في بيت تحصيل الضرائب، أو حتى في تلك البيوت ذات الصلة. وانعدام هذا التهديد كان سببا في صنع ثقافة تأسست وتجذرت خلال عقود ممتدة عبر الزمن، تعود بتاريخها إلى بوادر اكتشاف أهمية اليمامة كطريق لتلك القوافل. فالقائد في بيوت الدولة، أيا كان موقعه، طالما كان صاحب مكانة في بيت غير بيت تحصيل الضرائب، فلن يعكر صفوه أي تهديد يمكن له المساس بأجره كل شهر حتى مع تقصيره في عمله، أو تقصير مَن هم أدنى مرتبة منه في عملهم، أو حتى من هم أعلى منه رتبة. والسبب في ذلك يكمن في عدم ارتباط ريع ضرائب القوافل مع أدائهم في العمل. حتى وإن كان عرضة لأن يواجه تهديدا ناتجا عن قائد أعلى رتبة منه، قائد يخاف الله، ويحاذر في أفعاله، ويعصي هوى نفسه، حريص على إكمال مهام إدارته على أكمل وجه، فاعلم أن هذه العقود تكون بذلك قد مهدت لبزوغ شمس حقبة طاردة لهؤلاء الذين يوجهون تهديدات إلى كل من يتقاعس في عمله، ويتهاون في أدائه. والسبب في ذلك عائد إلى تبدل طباع أبناء اليمامة، واختلاف سبل الترابط فيما بينهم. هذه الثقافة التي تُستمد منها كل تلك الأفعال والممارسات هي من وجهة نظري العلة الأساسية التي خلقت جميع العقد سالفة الذكر، لتولد من رحمها. فالعلة، وأعني بها عدم اعتماد ريع ضرائب القوافل على اهتمام أبناء اليمامة في إنجاز مهامهم، جديرة بتبديل صفة العلاقة بين أطياف هؤلاء الأبناء، على صعيد ينعكس في تبعاته

اجتماعيا وثقافيا عليهم، وبصورة لا تستسيغها الأعراف الحقيقية، ولا تتقبلها.

ها قد اهتدينا إلى مصدر النزف، وبلغنا موضع الألم بتطرقنا لذكر لفظة العلة. وأواه كم يتمثل فينا القول إن داءنا فينا وما نبصر، ودواءنا منا وما نشعر. الآن بدأت أفهم سبب انتشاء ميخائيل وزاخر ذاك الذي تكتسي به ملامحهما. الآن فقط، استشعر انتشائي، وأشاركهما الشعور ذاته حيال ما تمخّض عنه الحوار. ابتسمت لزاخر أحثه على إكمال حديثه، وإذا به يقول:

— وعليه، فقد أصبح كل من الموالاة والانتفاع المطلب الجديد الذي يستحوذ المرء به على التقدير، ويعتلي بفضله الرتب، بل ويحقق من خلاله منفعته بشكل غريزي، طالما أن تصرفاته لم تتعارض مع الأعراف التي سنّها بيت الشورى، ذلك الصرح الذي يستباح، وتتبدل أعرافه متلونة على تعدد تلك الأهواء باحتضان هذه الثقافة عديمة المبدأ. وشيئا فشيئا، ومع التعود والاعتياد، تعدى الأمر حدود انتفاع المرء لنفسه وحسب، فأصبح المرء مهيأ بطبيعة حاله للتقصير في عمله، من باب التخاذل والتقاعس في إنهاء أعمال الأمة والالتفات لمصالحها، لانشغاله ولهاثه خلف هدف آخر، يبتغي منه الحصول على امتنان امرئ آخر، يضمن له تحقيق انتفاع آخر من هنا ومن هناك. ونظرا إلى أن هذه المعضلة تعد مسألة عودية، فما كان لهذه الثقافة إلا أن تتكتل متمحورة حول نفسها، صانعة أجيالا

وأطيافا يزداد تقصيرها في أعمالها أكثر وأكثر، متكيفة مع قناعة تقديم انتفاعها ومصالحها على حساب الجميع، بما فيهم الدولة. وكلما كثرت هذه الممارسات وكبر هذا التمحور الذي يغفل عن المبادئ ويهمش الأمانة بدناءة، ضاربا إياها بعرض الحائط، فإن أعمال بيوت الدولة تزداد سوءا تبعا لذلك، ويتبع ذلك تضرر كل من يعمل داخل حدود الدولة بتردي الخدمات الممنوحة، بما يمس حتى الأطياف المتسببة في حبك هذه العقدة، ورسم هذا التمحور، ومن ذلك كله، تعلو الأصوات، تصرخ متذمرة بأسى، متعطشة لندى. وتطول قائمة الاحتجاج إلى كل ما يواجهه أبناء الدولة من خدمات دون المستوى الذي اعتادوه.

عصفت بي ذاكرتي، وأخذتني بعيدا، إلى أيام ماضية، مستذكرا فيها اجتماع ثلة من الوجهاء، كانوا قد جاؤوا بحجج لا قيمة لها، يتذمرون ويشتكون من سوء تدابير بيت من أحد بيوت الدولة، وآخرين يرمون مجموعة قائمة عليه بتهم التقاعس والتهاون في العمل، فيفاوضون بحلول يقترحونها من إدارة بيت آخر، أو رفع رتب مجموعة أخرى قائمة على إدارة بيت آخر. ولست في هذه اللحظة عاتبا عليهم، ولا واصفا إياهم بعيب، لسعيهم فقط لما فيه منفعة لهم ولمن هم من حولهم، ولكن عتبي الوحيد، والعيب الذي أبصره الآن وأدرك منبعه، هو منا وفينا، متمثل بجهلنا في رسم منحى مساعيهم ومقاصد منافعهم لما فيه خير

للدولة، ليعاملوها معاملة الجسد الواحد. التفتّ إلى زاخر، فإذا به يرفع سبابته مؤكدا حديثه السابق، متابعا قوله:

— ولم تقصر تلك العلة عن القيام بواجبها على أكمل وجه؛ إذ إنها أسست هرما مبنيا على أسس غير صحية في مختلف النواحي الاقتصادية والسياسية والاجتماعية والثقافية والدينية، يُعنى ذلك الهرم بإدارة شؤون الدولة، وتتفاوت به نسبة الفائدة والانتفاع ما بين فرد وآخر، وذلك بناء على موقعه في هذا الهرم. فكلما ارتفع موقع الفرد فيه، ازدادت قدرته في الحصول على أكبر قدر ممكن مما تجري تجزئته من ريع ضرائب القوافل التي تصب في أعلى الهرم. أما ثبات هذا الهرم وقوة متانته، فتعتمد اعتمادا كليا على من هم في المواقع الدنيا منه. وأي خلخلة أو زعزعة تجاه ثقتهم بمن هم فوقهم يمثل قوة فتاكة قد تتسبب في هدمه. ووفقا لكل هذه التداعيات، نتج ما نراه معمولا به اليوم في الدولة الأخيضرية، والذي تدار فيه أعمال هذا الهرم وفقا لما جرى التعارف عليه، وبما يهدف إليه من تفرقة وتفكيك أي تحالف لمن هم أدنى مرتبة، والذين يضعون تركيزهم في حصر سوء أفعال من هم أعلى منهم مرتبة واحدة أو أكثر من ذلك. وتطبيق ذلك يتطلب مناقضة الرأي السديد برأي آخر مناهض له، عبر قائد فاسد، فاجر في رأيه، متعسف في قوله. وهذا الرأي الآخر قد لا يكون متاحا ومهيأ في المرتبة نفسها وقت الحاجة إليه. وبناء على هذه الظروف يجري استقطاب هذا القائد بمعايير

خاضعة لأعراف بيت الشورى، لكنها غير مقبولة في قاموس الأعراف الحقيقية القائمة على المبادئ والأخلاق العامة، وذلك كله ناتج من تبدل القضية يا إسماعيل.

شخصت بناظري بعيدا عنهما، وأخفضت رأسي مطأطئا إياه للأسفل، مكسورا وممتعضا، وخجلا في الوقت نفسه. يثور في داخلي مزيج من المشاعر المختلطة، وأتوه بينها بحيرة وحسرة، يغلب علي الأسى والاستياء لما آلت إليه حال الدولة الأخيضرية. لم أتمالك نفسي أكثر، أغمضت عينيّ، وتنهدت بعمق، عاجزا عن إخفاء مشاعري. وما إن هدأت زفراتي، وفتحت عينيّ، إذ بي أبصر يد زاخر ممتدة إلي، وضع كفه على ركبتي يطبطب علي بحنو، وهو يقول:

— يا إسماعيل، إن الثغرات التي لمسها أبناء الدولة الأخيضرية في بعض تلك الأعراف التي سنّها بيت الشورى، وتلك الممارسات التجاوزية التي تعدت حدود الأعراف، الحقيقية والقائمة على المبادئ الصحيحة، تجعل من ارتفاع مرتبة المرء في هرم إدارة الدولة مؤشرا على أمر لا شبهة فيه، وهو توسع دائرة نفوذه وسلطته، مما يترتب على ذلك من توسع نفوذ من هم أدنى منه في هذا الهرم. وقد سبقت الإشارة إلى ذلك في قولنا، إذ أدركنا عمق الضرر الذي تُلحقه هذه الممارسات في المصلحة العامة، وأن تكلفة هذا التخاذل والممارسات التجاوزية، التي تعدت حدود الأعراف بتشويهها

للمبادئ الصحيحة وطمسها لهوية العدالة وملامح المساواة، لهي تكلفة باهظة الثمن. وبالرغم من ذلك، فحتى إن كان المبدأ ينص في منطقيته على أن الغاية تبرر الوسيلة، فلن نجد مسوغا لتلك الممارسات، ولا مجال لجدال في أصل مقصدها، كون غايتها وهدفها الأول هو تثبيت مرتبة الفرد، أو رفعها في هذا الهرم. وأما إذا أرجعناها لأصل تكونها، فإن تفسير تصرفاتها أمر ممكن، ناتج من انعكاس تحالفات جماعية بين أفراد ذوي مراتب مختلفة، تعمل ليسطع نجم أهدافها المشتركة، ساعية إلى تحقيقها بغرض رفع مستواها المعيشي، وزيادة قوة تغلغلها وتوغلها في النفوذ والسلطة؛ أي المال والجاه. والمسوغ الذي تعلّق عليه هذه الفئة منطق أفعالها وتصرفاتها في هذا الهرم، وفق آرائهم الشخصية، يعود لشراسة المنافسة والصراع في القتال، سعيا للبقاء تحت ظلال هذه المظلة التي تكفل لهم كسب الغنائم، وتحقيق أكبر قدر ممكن من المنفعة لأنفسهم وحسب.

فجأة، بدأ الاستياء يظهر على وجه كل من زاخر وميخائيل أيضا، إخال أن الاستياء في هذه الدار بات داء معديا! أردف زاخر كلامه بالقول:

— اسمع مني يا إسماعيل، من كل ما تحدثنا به استنِر بنتيجة هامة، تربط بها الأمور، وتعود إليها كل النتائج، إذ هي الأساس ومنها الساس. يا إسماعيل، وجب أن تدرك بأن تلك

الممارسات والافتعالات قد قادت الموقف ممسكة زمام الأمور براحتي كفيها، لتؤثر بشكل سيئ وعميق في دولتكم الأخيضرية، بأثر يتجلى وضوحه في أيامها الحالية، عاكسة صورتها البشعة، وحلتها السيئة على اقتصادها وسياستها وثقافتها، بتفاقم يزداد أكثر فأكثر، كلما زاد تأثيرها الأكثر سوءا نظرا لطبيعة حالتها العودية. وبناء على ذلك، فإن السياسة الداخلية في الدولة الأخيضرية أصبحت أقرب إلى ما يعرف بأحاديث الجواري؛ إذ أصبح الشغل الشاغل لكل وجيه يطمح للوصول إلى بيت الشورى أن يؤيد أو ينتقد كل ما يصرح به أي وجيه آخر في الساحة، فتراه متأهبا ليتخذ موقفه، ويفتي برأيه تجاه مختلف الأمور المتداولة، إما عن طريق ارتجال في ساحات الدولة، أو عبر رفع صوته في بيت الشورى، أو بتوجيه اتهام باطل، أو بهمز ولمز، وغيبة ونميمة عن وجهاء لدى وجهاء آخرين. لنصطلي بلهيب حيرتنا متسائلين؛ هل لأحاديث الجواري أي قدرة فعلية أو تأثير حقيقي في إحداث الإصلاح الحقيقي الذي يمس أساس المعضلة؟ أم أنها أداة استغلالية تستخدم بغرض الصعود بالرتب في هذا الهرم عبر التطرق لقضايا بسطاء الدولة في الهرم ذاته والتسلق بها لنيل مبتغى راويها؟

قاطعت زاخر مرددا:

— لله دركم يا بسطاء القوم!

فتبسم قائلا لي:

— تطرقت إلى بسطاء القوم بقولك يا إسماعيل، ولا عجب أن يخفى عليك أمرهم، لكن بسطاء القوم ليسوا براء في هذا الاعتداء، ولا أفضل من الوجهاء في هذا الهرم! فهم أيضا يسلطون نفوذهم على بسطاء آخرين، بغرض الضغط على هؤلاء الوجهاء لتبني أعراف غير مستحقة، وذلك من أجل الحصول على أكبر قدر ممكن مما يتم توزيعه من ريع ضرائب القوافل الذي يصب في أعلى الهرم. ومن كل تلك الأفعال لا بد أن ينتج عنها ردود أفعال، من شأنها أن تشعل فتيل الإحساس بالظلم لدى كل امرئ يسكن داخل حدود الدولة الأخيضرية. ومرادي بقولي "امرئ" هنا هو كل فرد من أفراد هذا الهرم، مهما ارتفع أو انخفض في رتبته. وفي كل مرتبة يتسلسل عدد من المنافسين، يزدادون كلما انخفضت المرتبة. ووفقا لذلك يزداد معدل الشعور بالظلم كلما انخفضت المرتبة. وعلى الرغم من ذلك يا إسماعيل، فالعجب أن الشعور بالظلم ينتاب حتى الأفراد الذين يشغلون المراتب العليا من الهرم، هذا الشعور الذي يترجم عجزهم أمام التحديات التي تدفعهم لمزيد من العجز، وتحول دون قدرتهم على تثبيت هذا الهرم، وكفالة رصانته ومتانته. ولا شك من أنهم لن يشعروا بشعور مماثل كهذا لولا تأثيره المباشر في ضعف رتبهم في ذلك الهرم.

صمت زاخر، وشخص بناظره بعيدا عني، محدقا بحدة في الفراغ، ثم تابع حديثه قائلا بتجهم وحزم:

— وأتت عواقب هذا الشعور وخيمة، فقد تبع شعورهم بالظلم تصرف كل فرد من أفراد هذا الهرم وفقا لصلابته، ورباطة جأشه، وحدة مخلبه تحت ضوء إمكانياته وفرصه المتاحة، ليقاتل بعزمه وحزمه. فسيف المرء البسيط مثلوم من بساطة مسكنه مقارنة بمساكن فطاحلة الدولة، وطموحه وإن تعالى به فهو لا يتخطى الحلم بعمل يزاوله في بيت من بيوت الدولة، عمل لا يستدعي منه أي جهد يذكر، غير أن يستيقظ صباحا ويقصد طريقه إلى بيت الدولة، ليثبت حضوره فيه نهار كل يوم، ويخرج منه قبل مغيب شمس ذلك اليوم، دون أن يعمل عقله أو يحرك فكره، ودون أن يسجل أي إنتاجية تذكر، أو يقدم إضافة ذات قيمة. هذا الملء الوهمي، والفراغ الذي يكسبه، يتكسب منه للتفرغ بدور آخر يشغله متمثل في متابعة تجارته. وبذلك يحصل على منفعتين؛ الأولى أجر من الدولة، والثانية أجر شهري آخر يكسبه من نشاط تجارته. وعلى الجانب الآخر، فإن المرء الذي يشغل مرتبة أعلى، ممن يملك أراضيَ وبيوتا اقتناها بأسعار مرتفعة في وقت مضى، قد يسعى جاهدا لمنع تحرير الدولة لأراضٍ أخرى، كي لا يخسر في أراضيه وبيوته التي يسعى بها لكسب ما في جيب ذلك المرء البسيط. وخذ ذلك محض مثال

عابر تقاس عليه شتى أمور الحياة، ومختلف المسائل والممارسات في الدولة الأخيضرية.

التقت عيناي بعيني زاخر، فتنهد باستياء، ثم قال:

— إن ما يؤسفني قوله والبوح به يا إسماعيل أن تكلفة وقوعكم في شباك الريعية تأتي أليمة جسيمة، فقد صيرتكم بسيئ تبعاتها ونتاج حصادها إلى أولئك الأشخاص الذين ينشغلون بتناقل الأحاديث، يتصارعون على أتفه القضايا وأقلها شأنا، بل ويكسبون أمورا لا أهمية لها، يتحدثون بفم ممتلئ وزعم مختلَق دون خبرة كافية، ولا فهم شافٍ، ولا علم مكتسب. فهل أنتم تعون ما أنتم فيه؟ هل أنتم مدركون ما جنته أيديكم؟ وبما أوقعتم أنفسكم فيه؟ وهل أنتم مستعدون حقا للبحث عن الحلول؟ وإن كنتم تبحثون عن حل فعلي، فهل أنتم متأهبون للبدء في التغيير؟ كل هذه الاستفهامات أجهل جوابها المرتهن بين أياديكم وما تقصده نواياكم، وتبطنه خباياكم، إلا أن ما أنا متيقن منه هو أن فئة ليست بقليلة منكم لا تريد الحل حتى إن ظهر أمام عينيها؛ كيف لا ولهذه الحال مكاسب تجنيها منها؛ فهي أرض خصبة لبعض الوجهاء الذين يستغلونها لبناء سمعة تحقق لهم وصولا عاليا في مراتب الهرم. فكلما كثرت المشكلات، وإن قلت أهميتها، كثرت معها المواقف التي تعدّ بطولة لكل من يمتطيها بفروسيته المزعومة بزيف، ولا يبلغ إليها سبيلا. وجواده المستعار بغية تسلق ذلك الهرم سياسيا، هو في الحقيقة كلب

مسعور يلهث وينبح طمعا وتعطشا لما يعلي شأنه هو وحسب. والإشارات والأدلة على ذلك ظاهرة من حولكم، تظهر في كل مكان بتجلّ ووضوح تام، وصمات عار وبصمات ضِرار من هذا وذاك، هنا وهناك، في تلك المباني التي تعثّر بنيانها ولم تكتمل في موعدها المحدد، وفي تلك القضايا التي لا تحتمل بشاعتها، من مسائل تقصير وتلاعب في بيوت الدولة، وتضييق على العلماء والشيوخ، وفي ارتفاع مستوى الجهل المخجل، وفي تراجع مستوى العلوم في مختلف المجالات، وفي التلاعب بشؤون التجارة ومواثيق بيوت المال. جميعها أمور واضحة للعيان تجعلنا ندرك بأن هذا الهرم بات عاجزا وغير قادر على تحقيق نظام دولة يحقق هدف الاستدامة، لا على الصعيد الاقتصادي وحسب، وإنما على الصعيد السياسي والثقافي والاجتماعي أيضا.

اقترب مني زاخر أكثر، واضعا راحة يده على كتفي، وقال بصوت يملؤه الشجن، ويفيض منه الاهتمام:

— يا إسماعيل.. بالله عليك.. ألا يجب الالتفات إلى نقاط قوتكم الكامنة في ثقافة ممتدة، متأصلة في جذور الدولة الأخيضرية منذ أن ابتدأ مشوارها الريعي؟ فما يجب أخذه في الحسبان هو أن نقطة القوة الأساسية لدى كل امرئ من أبنائكم تتمثل في قدرته على أن يكرس جهوده لاستغلال كل ما يتمحور حوله من معطيات وسياسات، تكفل تحقيق منفعته لنفسه،

من شتى الأمور، وعلى مختلف الأصعدة. فالتحدي الحقيقي يكمن في توحيد تلك الجهود المتفرقة من أجل تحقيق الإصلاح المرجو للدولة بمعاملتها معاملة الجسد الواحد. ولعلك من حديثنا هذا كله، تنتظر النقطة التي أتطرق فيها إلى ما يقودكم لتوحيد تلك الجهود التي أسلفت ذكرها. ومن رأي ابن تميم، فإن ما يلزمكم لتحقيق ذلك هو الالتزام بالعمل وفق مقومات الاقتصاد الصحي. ومفهوم الاقتصاد الصحي الذي أعنيه هو ما يتحقق ازدهاره ونموه الصحيح بشكل مستدام، وفقا لما يحققه أفراد المجتمع من منافع لأنفسهم. ويعد هذا المفهوم معقدا بعض الشيء؛ إذ يرمز إلى وجود أعراف داخلية قادرة على استغلال سعي الفرد لتحقيق منفعته لنفسه، في ظل تحقيق فائدة للدولة كجسد واحد. تلك الأعراف قادرة أيضا على الحد من أي ممارسات تحقق المنفعة لأصحابها في حال كان لها تأثير سيئ، يمس جسد الدولة بضرر.

التفت زاخر إلى ميخائيل، والتفتّ معه، وإذا بميخائيل يغطّ في نوم عميق، نائم في هدوء تام، كطفل صغير، ضامّا يديه إلى صدره، يحتضن نفسه بسكينة ووقار، تغبطه من دفء نومته، وعمق راحته الظاهرة على ملامحه. تبسم زاخر، وعاد بناظريه إلي، يُطالعني بعينين تتلألأن ببريق حانٍ، وأردف قائلا:

— وآخر ما سأختم به قولي هذا يا إسماعيل، فلكي تمتد دولتكم الأخيضرية، وتزدهر تجارتها، وينمو اقتصادها على أكمل

وجه، أعني لكي تصبح ذات اقتصاد مستدام، فيجب أن يعتمد بيت مالها بشكل غير مباشر على عوائد خارجية، تدار بمنهجية منفصلة لا مركزية، نابعة ومستمدة من تجارة محلية متينة، سواء كان أساسها موارد تدر من داخل اليمامة أو حتى من خارجها. وأساس عمل تلك المنهجية المنفصلة يقتضي أن ما يصب نفعه في اليمامة من مال يجب ألا يصب في أعلى الهرم القائم على بيوت الدولة وحسب، بل يجب أن يصب في ذلك الهرم متخللا ومُنسابا إلى كل طبقة منه، كما يجب أن يدار بشكل منفصل في الوقت نفسه.

اعتدلت في جلستي، وقلت متسائلا بحماسة:

— وكيف لذلك أن يحدث يا أبا مضر؟

* * *

الفصل التاسع

اقتصاد كاذب

"حي على الصلاة.. حي على الفلاح.. حي على الفلاح.."، استيقظت في ربوع أرض الخضرمة البهية، متنبها إلى تداخل أصوات نداء الأذان، لإعلان دخول وقت صلاة الفجر، ترفعه مآذن مساجد اليمامة، بما فيها مسجد القصر. يا لهذا النداء الذي يذيب حشاشتي ويبهج مهجتي! ولكم أتيامن وأتبارك بالأيام التي أستيقظ فيها على صوت الأذان، لا قبله ولا بعده، بل أثناءه تماما، يختلف حينها يومي بأكمله؛ فوقتي فيه تكسوه البركة، وحالي به تصطبغ مزدانة بالخفة والبهاء، تراني أسعى بنفس راضية، مرتاح البال، مطمئن القلب، مملوءا بالنشاط والهمة. وكم يحلو يومي أكثر إذا نعمت في تلك الليلة بنوم عميق هنيء، لا يعكر صفوه كابوس، ولا يسوء حسنه بعض إزعاج أو هاجس ساج، فمتى زان نومي زان يومي، وهذه الموازنة العظيمة لا يختلف عليها عاقل فهيم، ولا يشكك في دقة مساواتها فطين. فبعد ذلك المجلس الذي طال الحديث فيه، بتتابع واسترسال لم يشُبْه الملل، ولم يتخلله الكلل، مع صحبة لا تسأم ألفتها، ولا تمل مجالستها، وبخيرات تلك المائدة الطيبة التي تُشبع العين قبل البطن، إلى هذا الفراش الدافئ واللحاف الناعم. ببال خال وقلب خاشع تتم مقومات النوم الذي طال افتقادي له. فالحمد لله من قبل ومن بعد، وباسمه وخيره سبحانه يبدأ يومي. رفعت اللحاف عن جسدي، متهيأ للقيام، بالكاد أفتح عيني الثانية، يداعبها ضياء السراج المعلق في الجدار المقابل، مهمهما بصوت خافت:

— أصبحنا وأصبح الملك لله رب العالمين..

مازالت الأسرجة تنير المكان، وتزينه وسط ظلمة الفجر تلك، تتباهى الجدران بألوان ما يصطبغ به زجاج السراج من زينة. إنه وقتها الأخير الذي يبرز فيه جمالها الأخاذ قبل بزوغ شمس اليوم الجديد، فإذا تسللت أشعة الشمس طغى جمال نورها على كل نور، وعلى كل جمال. أبعدت ناظري بصعوبة عن نور السراج المنعكس على الجدار من فرط افتتاني بسحره وروعته، ملتفتا إلى ميخائيل الذي كان مستلقيا على سرير يقابلني عند الجدار الآخر، إخاله مازال يغط في نوم عميق. تهيأت واقفا، أعيد ترتيب فراشي وتنظيمه كما كان، لأقوم بعدها بغسل وجهي والشروع في الوضوء للصلاة، وإذا بميخائيل يرفع رأسه، متنبها لحسّ حركتي، يرمقني بعين ناعسة وأخرى مغلقة يغلبها النوم، مطلا علي من تحت لحافه يتبسم، وهو يقول:

— طاب صباحك..

ابتسمت له بتلقائية تامة ردا لابتسامته العذبة، كيف تمكّن هذا الشخص من قلبي بحبه، يُطل فيحييه قبل اللسان فؤادي، أجبته وعيناي تتلألأن كلفا وودا:

— صباحك أطيب يا ميخائيل..

— هل انتهى حديثكما بالأمس يا أبا مضر؟

قهقهت ضاحكا على مباغتته لي بفضوله فور تنبهه من النوم، وأجبته وأنا أتهيأ للوضوء بقولي:

— لم يفُتك الكثير يا ميخائيل.. فلقد توقف حديثنا مباشرة، فور مشاهدتنا لك نائما تغطّ في سبات عميق.

خرجت من تلك الدار بعدما أنهيت وضوئي، أبحث بعيني عن شخص لأسأله عن مكان مسجد القصر، أو لعلي أرى جماعة يمكنني أن أصلي معهم. وبعد أن قطعت مسافة قصيرة عن الدار، أدركت مجموعة من الفرسان يبدو عليهم، من موقع مشاهدتي لهم، أنهم يتأهبون لإقامة الصلاة، فهرولت باتجاههم بنيّة اللحاق بهم قبل أن يقيموا الصلاة، وحين اقتربت منهم، وبدأت ألمح أوجههم بتقاسيمها، ميزت وجها واحدا فيهم، أعرفه وآلفه، وكيف لي أن أنساه؟ إنه القائد الذي داهم دار ميخائيل بقصد القبض عليه، وهو نفسه الذي تلقى مني ما قد تلقاه قبل أن يطلق أمر القبض علي أنا كذلك. لمحني بناظريه من بعيد، ولم يتثبّت مني، وقبل أن أقترب منه أدار ظهره عنا، متوجها للقبلة، مخاطبا أحد الفرسان بقوله:

— أقم الصلاة..

بدأ ذلك الفارس برفع الصوت بالإقامة، وفي تلك الأثناء تقدمت مقتربا من قائد الفرسان شيئا فشيئا، حتى لازمت موقعه وبلغت مكانه جنبي إلى جنبه في المقدمة، وحين اقتربت

منه أكثر التفت إليّ، وتفرّسني بنظراته إلى أن شعرت بتجهم وجهه، فعلمت أنه قد ميزني، فالتفتّ إليه، وما إن تلاقت نظراتنا، حتى عبس في وجهي ورمقني بطرف عينه مكفهر الوجه، مبتئسا من تذكّره لما كنت قد فعلته به، فقابلت عبوسه ذاك بابتسامة واسعة، فأشاح بوجهه عني. "لا إله إلا الله." وما إن انتهت الإقامة، وشعرت بأنه متأهّب ليقصد موضع الإمام، وكنت قد أدركت من موضع سابق حين أمر بالإقامة أنه إمام هذه الجماعة وأميرها، كرهت أن أتبعه ولو مأموما في فرض صلاة، فسبقته متخطّيا إياه بِخطوتين، لأبلغ مقدمة المكان، حيث موقع الإمام، وتلفتّ على عجالة إلى المصلين عن يميني وعن يساري، قائلا بصوت عال، وبنبرة تمتلئ حزما وصرامة: "استووا.. اعتدلوا.. الله أكبر.". أنهيت الصلاة بهم، ملقيا السلام عليهم، مرتاحا، أشعر بخفة في نفسي لا مثيل لها من فرط ارتياحي. التفتّ إليهم مبتسما، وسلمت عليهم، وسميت باسم الله في بدء حديثي، وشرعت أذكر لهم بعضا من العبر، وأستشهد من المواعظ، وأستعين بالذكر الحكيم، حديثا جوهر لبه أن أفضل العدّة الصبر على الشدّة، وختامه الصلاة على أحسن الخلق وأشرف المرسلين. وما إن أنهيت حديثي من ذاك المقام بمسك الختام، قمت من مكاني قاصدا الدار، وإذا بي ألمح إسماعيل ينهض من آخر صف في صفوف المصلين، يرفع رأسه لي مبتسما، فرفعت

يدي له إشارة لرؤيتي إياه، فصاحبته السير متوجهين في طريقنا إلى الدار، وأثناء مسيرنا قال لي:

— هل لي بسؤالك أمرا بداعي الفضول لا أكثر ولا أقل؟

أجبته وسط تبسمي:

— للفضول مكانة وتقدير لدينا، فتفضل.

تبسم ضاحكا، ثم أمسك بيدي، وأردف قائلا:

— أأجد لك مبررا أو ألتمس منك حكمة تفسر لي سبب مسابقتك لقائد الفرسان على الإمامة يا زاخر؟

تورد وجهي حياء بما سأجيبه، شددت بقبضتي على يده التي تمسك بيدي، لأشعره بتأكيد ما سأقوله، وقلت:

— لأسباب أسهبت في ذكرها لك ليلة البارحة، ولا يخفى عليك أمرها اليوم يا إسماعيل، فإني رجل لم يأتمن على أمور دنياه وأبناء قومه في يد الدولة الأخيضرية، لتكون رهنا لها، لا طوعا ولا كرها. وكما تقول العرب في وعظها "إن بقاءك إلى فناء، وفناءك إلى بقاء، فخذ من فنائك الذي لا يبقى لبقائك الذي لا يفنى"، فأنّ لي أن أرهن أمرا يخص آخرتي لأجعله في إمامة ذلك القائد الفاسد الذي لم يزهد في أمر دنياه بعد؟ فلا عجب ولا عتب في ذلك! فإن عدلت عن ذاك فحريّ بي العدول عن هذا، فأمر الآخرة لدي أهم وأعظم.

عقد حاجبيه مستغربا قولي، فذكرت له الموقف الذي جمعني بهذا القائد حينما قُبض علينا في دار ميخائيل. فضحك، وقال لي:

— صدقت إذ قلت لا عتب، وإنما أبقيت لي العجب! فوالله إنك قد بلغت من التفكر مراتبَ أتعبت فيها من بعدك! ودعك من ذلك كله، وكُل بعضا من هذا التمر الطري، وخذ لميخائيل منه، فأمامنا يوم طويل حافل.

— يوم طويل وحافل؟

— نعم، وهو كذلك.. هيا اقصد صاحبك لكسب الوقت، أما أنا فسأقصد داري لأنهي أمرا ما، ثم ألحق بكما.

— بإذن الله، لكن في أي وقت نلقاك وإلى أين ستلحق بنا؟

— موعدنا في الغدوة قبل طلوع الشمس، ولقاؤنا في ساحة الفرسان بعون الله.

أخبرت ميخائيل بالأمر فور وصولي إلى الدار، فتهلل وجهه واستبشر. ناولته التمر الذي خصّه به إسماعيل، وما إن أنهى أكله، حتى خرجنا متجهين إلى ساحة الفرسان، غدوا قبل أن ترتفع الشمس. بلغنا المكان المنشود في الوقت المحدد، وإذا بإسماعيل في انتظارنا ممتطيا صهوة جواده وبجانبه جوادان آخران، يمسك بهما فارس ممشوق القوام. امتطيت جوادا أدهمَ، فاتنا أهيفَ، قد صاغه الله صيغة حسنة، وامتطى ميخائيل

الجواد الآخر، أسود كذلك، ولكن لونه بدا أقل توهجا من لون جوادي، وعزمنا جميعا الخروج من القصر، يسبق خطونا صهيل الجياد. تركض جيادنا، وتهب علينا بتسارع عدوها هبوب الهواء، لننتشي بروح لفجر اليمامة المميز، وعليل نسماتها العذبة.

وما إن اقتربنا من سوق المدينة، حتى أبطأنا مِن مشينا، فأصبحت جيادنا تمشي خببا، تتناهى إلى مسامعنا الأصوات، وتتراءى أمامنا المناظر؛ أصوات طيور من هنا، وترقرق المياه في جريانها من هناك. نخيل مصرومة وأشجار مثمرة، أطفال يلعبون، يتراكضون ويضحكون، نساء تتسوّقن، وبنات تتجوّلن. هنا بائع يستفتح رزقه، وهناك آخر بدأ للتو في رصّ بضاعته لعرضها. امرأة تحلب بقرتها، وأخرى تحمل ابنها، وثلة من الرجال يمشون سعيا في طريقهم إلى مقارّ أعمالهم وحرفهم. كانت الأمكنة تُنبي عن جمالها المختلف، ما بين بساطة بعضها، وفخامة بعضها الآخر. كل ما مررنا به كان محلا للتأمل ومدعاة للتوقف أمامه. وقد أخذ بأيدينا إسماعيل فكان نعم الدليل، فما إن نصل إلى زاوية من هنا أو هناك، إلا ويستهلّ حديثه عنها مولعا بحماسة وشغف تشتاق لرؤيته. ولعه في الحديث، وشغفه في وصفه، وانتقاؤه كلماته يعكس حبه لهذه الأرض وولاءه المطلق لها، فلسان حاله يقول: "متيم أنا بها، مفتون بما ترون وكما ترون.. هائم أنا بها، إذ علقت مني كل معلق"، فلم يكل ولم يمل، ولم يصمت في أي موضع من رحلتنا تلك، كأنه حكم علينا ألا

نتأمل، فكان صوته يطغى على صوت دواخلنا، ينطق بما يريدنا أن نراه؛ تعريفا به، وتقديرا وإجلالا لقدره.

فإذا بلغنا في طريقنا بيتا من بيوت الدولة، توقف ليسرد لنا تاريخ تأسيسه، وقصة بدايته وصولا إلى إنجازاته، وحتى تحدياته التي مرّ بها على مر الزمن. وإن صادفنا متجرا، أعادنا إلى ماضي عصره، ساردا لنا قصصا ومواقف شهدها أو سمعها عن صاحبه أو زبائنه. وإن رأينا بئرا ترحّم على من بادر في بنائها، وروى عنه ما تيسر. وإن رفعنا رأسنا إلى السماء أشار لمئذنة مسجد، وأشاد بأهله وأصحابه، وخصّهم بالدعاء. وإن بلغنا بيت علم عرّف بعلمائه، وأطال في مدحهم، وأسهب في الحديث عما تلقّاه منهم، وما لهم من فضل عليه، وما أورثوه لليمامة من علم لا ينضب حتى يومنا هذا. وهكذا كانت حاله، يتخاطف من أمامنا الأشخاص والأشياء على كثرتها، فنظن أن ثمة شيء سيفوتنا منها، إلا أن إسماعيل يقتنصها لنا واحدة واحدة، فنلم بها جميعا. وكنا أثناء مسيرنا المتقطع ذاك، والمليء بالأخبار والمآثر، نقابل أطيافا وألوانا من العامة والوجهاء، ومِن بين أعدادهم الغفيرة تلك ميزت اختلاف النظرات المتبادلة، والكلمات الملقاة بقصد التحيّات، ما بين وجوه تجد لها مكانا في قلبك دون استئذان، يبدو عليها مكنون الحب الصادق والوفاء الخالص، وبين وجوه أخرى، على الضد من ذلك تماما، تتزلّف وتنافق بتعابير وكلمات، تنفّرك وتملؤك بما لا تستريح له النفس.

ومن مكان إلى مكان، نأكل تمرة من هذا، ونحتسي شرابا من ذاك، يناولنا الرغيف الساخن طفل من يد والده، ويمازحنا حكيم بطرفة مبطنة. مشينا خلف إسماعيل بطريق محفوفة بفيض من ألوان الطيوف، وبلغنا بيتا أشار لنا بأنه بيت الشورى، وما إن فُتح بابه صدفة حتى علَت أصوات النقاش الحاد تتسابق إلى مسامعنا، مترجمة حال من هم فيه. وأما آخر وجهة قصدناها فكانت لزيارة بيت المال، ليرينا كيف تسير وتدار شؤون الذهب عن كثب. شهدنا في رحلتنا تلك أمورا عدة، إلا أن أكثرها خلودا في الذاكرة كان من نصيب حكمة المشائخ في بيوت القضاء، وعزيمة الفرسان في إمداد الجيوش، وجهد العلماء في تغذية النفوس.

ومن يومنا الحافل هذا، ورحلتنا الطويلة الماتعة بما حوته، أدركت مبتغى إسماعيل. كان يحاول جاهدا في سعيه بنا بين المحالّ والأمكنة أن يبعث برسالة إليّ، لظن منه، وافتراض تبناه لأمر يعتقد أنني لا أدركه، فها هو يمسك بيدي، ويصطحبني ليريني الجانب الجميل في أعمال اليمامة، بتعلل وتأمل لأن أهتدي بفضل ما أراه في هذه الرحلة، فأحدثه بما هو أنفع للدولة. ولكن قبيل إكمالي لذلك الحديث، وبعد أن أراني ما أراده، وجب علي أن أريه أنا ما أريد.

هل تُبصَر الأشياء من علو كما تُبصَر من دنو؟ إني أُشبه ذلك بتلألؤ بريق الماء لمرأى قافلة تسير في الصحراء، يغريها بريق لمعانه، وتعللها رؤيته على امتداد، فتطوي ما تطوي من طريقها

إليه، طمعا في الوصول إلى مداه، وما هو إلا ضرب من خيال، إذ هو في حقيقته سراب، لا يتحقق لمشاهده سبيل للوصول إليه، والارتواء من زُلاله، ليبقى نصيبه منه بقدر ما يتمتع به مد البصر من رؤيته، ولا أكثر من ذلك. هذه القناعة تعد من المسلمات لدي، وقد كانت حاضرة تحوم في رأسي أثناء جولتنا تلك، إذ كنت منتبها إلى ما انتقى إسماعيل قوله ووصفه، من مرادفات المفردات، وتشابه الصفات، ملاحظا كل ما حاول تجاهله وتهميشه، أو لأحسن الظن فلا أظلمه بسوء ظن، فلعله لها عن تسليط الضوء على بعض المشاهد، أو سلى عن إعطائها نصيبا في جولتنا تلك، فهل كنا نترك بعض الدكاكين صدفة لنقصد دكاكين غيرها بعشوائية؟ وهل كنا نقصد الطريق الأيمن دون الأيسر صدفة ومن دون انتباه؟ وهل إشاحة وجهه في ذلك الموقف عن ذلك الرجل كان صدفة عابرة لأنه انشغل برفع يده مشيرا للبعيد الذي لم أبصره، ليلقي عليه السلام؟ وهل عندما أدار ظهره بشكل مفاجئ كان ذلك من باب حماسته ومحض صدفة كذلك انفعالا لا افتعالا؟ تساؤلات كثيرة، ارتبت منها وتنازعتني فيها الشكوك، فلست أملك ردا عليها، ولا سبيلا للتثبت من حقيقتها وتفسير غرابتها. ولتتابع المواقف المريبة التي تتشابه فيما بينها، وتبدو على الشاكلة نفسها تقريبا، فقد كنت بحاجة إلى أن أتثبت من الأمر، لأطفئ سعير حيرتي، وأحسم مسألة ما التبس عليّ من الأمر، وبقي عالقا في ذهني، مانعا

تكامل الصورة المنعكسة أمامنا مما شهدناه، أو بما أراد إسماعيل منا أن نشهده، إن صح التعبير.

ولأقطع الشك باليقين، ولكيلا تعتريني في المسألة شبهة، حرصت على إبعاد الأمر من معترك تلك الظنون الواهية؛ فالأفكار تنهش في رأسي، والظنون تتسابق إلى نفسي. ولست ممن يسلم أمره لزيف لا يتثبت منه، فما دمت أملك فرصة للتأكد فقد حرصت على اجتثاث الشك من جذوره، ساعيا لتقصي العلم اليقين، ملتفتا إلى كل ما يغضّ إسماعيل طرفه عنه، قاصدا إيقافه عنده عمدا، لأرى ما يصنع حياله، دون سؤال صريح أو إشارة واضحة. وفعلا، عزمت على تحقيق ما نويته، إذ أقدمت على تطبيق ذلك في أواخر الرحلة، فقد كنت أستبق إسماعيل، متقدما عليه بطريقة لا يلاحظها، لأكون بذلك مَن يحدد اتجاه المسير، ويختار مكان التوقف. كما كنت حريصا على أن أقترب من الأماكن التي جانبها، والزوايا التي لم نخالط أصحابها، أو نتحدث في أعطافها عن حكاياها، قاصدا إياها، لأتمّ الصورة الناقصة لدي، وبوضوح، من دون الحاجة لشروح. وبذلك انحرفت بهم إلى مسار جديد، يأخذنا إلى النواحي الفاخرة والمحالّ الراقية، التي تختلف في نوعها وكيفيتها عما اطلعنا عليه، ومحّصنا تفاصيله، وقسمنا له من حديثنا ونقاشنا وافر الحظ والنصيب. اقتربت بإرادة أخفيها، وبتعمد أتصنع عشوائيته، قاصدا الزوايا التي يبدو من ظاهرها أنها أسواق بيع التجار الأكثر

ثراء في البلدة، وكنت ألتمس ذلك مما أستشفّه فيها من طابعها
العام، فيما تعرضه من بضائع، وكذلك من الشخصيات التي
ترتادها من أبناء الطبقة المخملية، فاحشي الغنى. وكنا كلما
اقتربنا في مشينا إلى مركز تلك الناحية، ابتعد عنا صوت ضجيج
السوق، وصراخ الباعة أكثر فأكثر، حتى اختفى تماما، فلا نكاد
نسمع لها حسّا. من حولنا الآن، دكاكين يتلامع فيها بريق الحلي
والمجوهرات، من أصناف الذهب والفضة، وأنواع الأحجار
الكريمة النفيسة من ياقوت وزمرد، وفئات اللؤلؤ النادر بأحجام
وألوان متفاوتة. هنا صاحب دكان يجلس على كرسي خارج
المحل، منكبا على نفسه يقرأ كتابا، ويرفع نظره للمارة بين الفينة
والأخرى متبسما لهم، لا يبالي إن هُم دخلوا أو انصرفوا عنه. وهنا
رجل آخر يجلس في زاوية داخل محله، يسند يده إلى طاولة
خشبية مزينة بالفسيفساء، وفي يده الأخرى إناء معدني فاخر، لا
غالب للشك في أنه من آنية الفضة، أظنه يحتسي فيه بعضا من
الشاي المُنكّه بالزعفران، وعلى رأسه يقف خادم يتبعه، ينتظر
منه إشارة ليلبي بها أمره. وكذا كانت الحال مماثلة في أغلب
المحال، من محلات بيع السجاد الأناضولي، الراقي والثمين،
ومتاجر بيع الأقمشة الهندية ذات الأسعار الباهظة، ومتاجر
منسوجات الحرائر الناعمة والأقطان والأصواف، ومتجر الإسكافي
المتخصص في صنع الأخفاف الراقية، يقف خادمه منثنيا
بجسمه لقياس قدم فتى شاب اصطحبه والده لشراء خفّ

جديد، ربما يشتريه بمناسبة اقتراب العيد، أو محض هدية ليراه بها سعيدا. داهمني صوت ميخائيل منتشلا إياي من شُرودي، إذ صرخ بي ينبهني:

— انتبه للرجل عن يمينك يا زاخرا!

التفتّ يمينا فإذا برجل يحمل من المتاع ما لا يقدر على حمله سبعة من الرجال، يتبع بها سيدا له يسبقه في المسير، في رحلة تبضع في السوق. كدت أن اصطدم به لولا أن ميخائيل نبهني لوجوده، لطف ربي بحاله وبحالي عن وقوع كارثة لا تُحمد عقباها، ولا أملك لتعويضها سبيلا. ابتسمت له بحرج، ورفعت يدي ملقيا عليه السلام، معتذرا بارتباك، فبادلني التبسم وسط تعرقه واحمرار وجهه المصطبغ بلون التعب. ومن هذا الموقف، أيقنت أنني لفتّ انتباه إسماعيل لتشتتي، ففي بادئ الأمر كنت واثقا من أنه لم يتنبه لانحراف المسير، وتمكني من السيطرة على سلك الطريق وفق ما أختاره أنا، إلا أن وضوح شرودي، وكثرة تلفتي قد فضحا أمر فضولي الذي لم أجد سبيلا لإخفائه، فقد كان بيّنا وواضحا. ودليله القاطع موقفي هذا، إذ كنت أتلفت يمنة ويسرة، مشتتا تركيزي، أنظر في كل النواحي، أحاول أن أتفرس بنظراتي الحادة مدخلا أصل به لنتيجة، سارحا بفكري، شاردا بذهني بعيدا، لا أشارك في رد على الحوارات الدائرة بين إسماعيل وميخائيل، منشغلا في مراقبة هذا البائع، وتفحص سلع ذاك المحل، متنقلا ببصري بين نظرات الباعة ونظرات

العامة، كيف يرمقون إسماعيل، وكيف ينظر إليهم إسماعيل في المقابل، وما إلى ذلك من تفاصيل أحاول أن أتنبه لها، بكل ما أوتيت من جهد وتركيز أن أتفرسها وأتفحصها لأصل إلى نتيجة، أو أمسك دليلا يرشدني لضالتي، لحاجة في نفسي أخفيها عنهما.

أدركت حينها استشعار إسماعيل لتبدل حالي، إذ ميزت في نظراته التي كان يرمقني بها استفهاما يستنكر به الحيرة التي يتلون بها وجهي، أبعدت ناظري عنه متحاشيا أن تتلاقى نظراتنا، أخشى أن يُقدم على الإفصاح عن حيرته ليسألني ما بالك يا زاخر؟ ولست أنوي إجابته، كما أنني لا أود مراوغته بإجابة بغير الحقيقة، ولأنه لم يجد مجالا لطرح سؤاله وسط انشغالي، تنبهت إليه وإذا به يتابع ما تقع عليه عيناي، يتلفت منقلا بصره مع بصري أينما ألتفت، إذ أدرك أنني أبحث عن شيء ما، وأنشغل بفضول لمعرفته. أما ميخائيل، فكعادته، كان ساكنا، خِلافا لنا نحن الاثنان، وكانت ملامحه هادئة لسبب ما، وهو إدراكه لما أبحث عنه، وما أحاول القيام به، وأسعى للوصول إليه، إذ كان ينظر إلي بهدوء تام، من دون أي استنكار، مبتسما مسلما لي الأمر بثقة، واتّكال مطلقين. أفعمت الحيرة لب إسماعيل، حتى زادت من حماسته في الحديث، مترجمة فضوله في محاولاته التي يريد بها جذب انتباهي له، وأن أُشركه بما أنشغل به، فاستمر بسرده لقصص التجار ومواردهم من أقصى بقاع الأرض. أسمع حديثه المسهب عن تجار الهند وبلاد فارس، وما إن انتهى منه

حتى انتقل إلى الحديث عن تجار الحجاز والأحساء، وتجار الأناضول وبلاد العراق والشام، متباهيا بسوق اليمامة، إذ يقول بنبرة فخر واعتزاز:

— ما يميز سوق اليمامة عن سواه، أمور عدة، يلتمسها التاجر والمشتري، ولعل أهمها أنه يجمع من كل بستان زهرة، وتجد فيه كل فريد يُشهدُ له بالبهاء والجمال، وإن صلت وجلت في أي بقاع أخرى من أراضي نجْد أو الحجاز، فلن تجد فيها ما تجد فيه، بل لن تجده حتى لدى القرامطة في الأحساء.

قهقه ميخائيل ضاحكا، وهو يميل بجواده ناحية إسماعيل، قائلا:

— ويحك يا إسماعيل! للعين لسان وشهادة المحب لا تعد خير بيان.

ضحك إسماعيل، وأكمل حديثه مبتسما. كان يخاطبني في كلامه مناديا إياي تارة، ومخاطبا ميخائيل تارة أخرى، لينتبه كلانا له، أو لأنتبه أنا على وجه الخصوص، ظنا منه بأنني لا أسمعه. وبينما نحن على حالنا تلك، نمشي ببطء ممتطين جيادنا، نسمع حديث إسماعيل، وننظر إلى ذلك السوق، بما فيه وبمن هم فيه، قررت أن أجرب المشي لأقترب من الناس أكثر، فترجلت عن جوادي، وأشرت إلى ميخائيل وإسماعيل بالنزول، فتبعاني دون رد أو تردد، وسرنا مشيا على الأقدام، تتبعنا الجياد من خلفنا.

وبينما كان إسماعيل مسترسلا في حديثه، متعمقا في تفاصيل قصة يرويها لنا، إذ لمحت تاجرا يقف أمامنا عند حافة الطريق، من مكان ليس بقريب ولا ببعيد، مقابل باب دكانه، تلتمس من فخامة هندامه، ونظافة مظهره، وروعة منظره، أنه من أغنى تجار اليمامة، يقف بشموخ وترتسم على شفتيه ابتسامة واسعة، أظنه يستقبل بها إسماعيل، إذ رمقه من مكان وقوفه، وها هو يتأهب ليُلوّح له بيده من حيث يقف. ولدى اقترابنا منه إذ به يبتدر إسماعيل بقوله له:

— أهلا، أهلا، باركت زيارتك السوق يا إسماعيل، أجمِل بالصدفة التي أتت بك زائرا سوقك! فالسلام عليك وعلى من هم معك.

تسابقنا في ردّ التحية، وقلنا:

— وعليك السلام..

فالتفت إلينا إسماعيل، وقال معرفا بذلك التاجر لنا:

— هذا عبيد الله من بني حنيفة، أحد كبار تجار الأقمشة والسجاد في اليمامة، إذ لا يخلو بيت من بيوت هذه البلدة المباركة من سجاد يبيعه دكان هذا الرجل الماثل أمامكم.

ضمّ ابن حنيفة يديه إلى صدره، وابتسم وهو يردّ على قول إسماعيل:

— لا فضل لنا في ذلك، ما كان لهذا أن يكون لولا خير اليمامة وأهلها يا إسماعيل.. بالله عليكم، أسألكم أن تتفضلوا عندي، لتذوّق أطيب أنواع التمر الذي وصلنا من عالية نجْد مطلع هذا الأسبوع.

وقبل أن يكمل إسماعيل رفع يده التي تنبئ عن قصد رده بالتعذر، ورفض تلبية تلك الدعوة، تحركت باتجاه ذلك التاجر مجيبا إياه، وأنا أقول:

— أذقنا تمرك يا ابن حنيفة.. أذقنا.

لمحني ميخائيل بنظرات تنم عن يقين إدراكه بماهية ما أقوم به، فابتسمت له، ورفعت حاجبي مبعدا ناظري عنه. دخلنا محل ابن حنيفة، وجلسنا فيه نتذوق شهي التمر، ونتلذذ بطيب طعمه. كان إسماعيل يرمقني بنظرة تعجب وعتب في الوقت نفسه، نظرة توحي لي بأنه ظن أن تسرعي ولهفتي لتلبية دعوة التاجر جاءت نتيجة لاشتياقي لتمور عالية نجْد، وإخاله يعتب كيف أتشوق لتناول التمر وأنا في ضيافة داره، بعد أن أكرمني فيها بتلك المائدة وطيباتها التي لا تنسى. ولكن الأمر في حقيقته كان بعيدا كل البعد عن ذلك، إذ ليس له علاقة في التمر البتة. وبينما نحن جالسون نتجاذب أطراف الحديث أنا وإسماعيل وميخائيل بمعية ابن حنيفة، يجلس ميخائيل أولا، ثم أنا عن

يمين إسماعيل، ثم إسماعيل، وعن يساره التاجر، وضعت راحة يدي على ركبة إسماعيل، والتفتّ إلى ابن حنيفة، وقلت له:

— إيهٍ يا ابن حنيفة، احكِ لنا عن حال تجارتكم.

فابتسم، وقال:

— نحمد الله على نعمه التي أنعم بها علينا، فالتجارة تكون في أحسن أحوالها متى ما ازدهرت التجارة بين الأحساء والحجاز. أما إن كثرت حروبهم أو تعطّلت شؤون أرزاقهم، ساء أمر تجارتنا هنا تبعا لذلك.

فسألته:

— وما علاقة تجارتكم بالأوضاع الجارية في الأحساء أو الحجاز يا ابن حنيفة؟

فأجابني ضاحكا، وقد رفع كفيه مشيرا باستسلامه، وهو يقول:

— لا تسلني عن ذلك، فهذا والله ما لا أحوز علمه ولا أعرف حقيقة سببه. فحينما تسوء أمورهم، تسوء حال الناس هنا، فتراهم ينفرون غير راغبين بالشراء، لقلة ما يملكون من مال، وكأنهم يعملون في تلك البقاع لا في اليمامة.

فسألته سؤالا بنية تبيان أمر قد غفل عنه إسماعيل، إذ قلت:

— وكيف تواجه تلك المعضلة يا ابن حنيفة؟

ابتسم ومالَ برأسه للأسفل، ثم رفعه وأجابني بخجل قائلا:

— إن آخر ما أقصده وأرغب فيه هو أن أتفوه بسوء تضطرب بسببه العلاقة الطيبة التي تربط بيني وبين ابن أميرنا. وإني أجدك في سؤلك يا هذا تحفر حفرة لتوقعني في فخ الكراهية بها، فلعلك تعذرني عن الإجابة، إذ إني امرئ يبتغي ود إسماعيل، ويعز علي أمر رضاه.

فتبسمت وتبسم ميخائيل، رفعت رأسي نحو إسماعيل، فإذا بي أبصر استغرابه وتحرجه من رد ابن حنيفة. فما إن لبثنا إلا أن رد عليه إسماعيل قائلا له بنبرة يملؤها الاحترام المشوب بالحزم والجدية:

— لك مني خالص المودة والتقدير.. لك الأمان إن صدقت في قولك يا ابن حنيفة، فقل ما بقلبك، ولا تخش في الله لومة لائم.

وضع التاجر كفه على زند إسماعيل، ورفع رأسه ينقل بصره بيننا نحن الثلاثة، وقال بصوت خَجِل:

— إن حالي لا تختلف عن حال جميع تجار اليمامة، فنحن جموع التجار نسعى وراء رزقنا أينما كان، طالما كان يأتينا بالحلال من الحلال. فمتى ما ساءت بنا أمور السوق، سارعنا بدعم الوجهاء الذين يحققون مطالبنا في بيت الشورى بآرائهم،

فيكون دعمنا لهم ماديا ومعنويا، بهدف نشر أطروحاتهم بين العامة، ومساندة حملاتهم أمام المنافسين من الوجهاء.

فسألته مقاطعا حديثه:

— وما هي تلك المطالب يا ابن حنيفة؟

فأجابني بسرعة، إذ أردف قائلا بحماسة:

— إنها مطالبات تسعى لتحسين معيشة كل من تضررت حاله، عبر إعطائهم منحا من بيت المال، أو رفع قيمة أجورهم، وما إلى ذلك من أمور تزيد من ملاءة المال لدى عامة الناس لما فيه خير لهم.

فاستبقت حديثه قائلا له:

— هي لهم.. ولكم في نهاية الأمر!

قهقه ضاحكا، وقال:

— كلما زادت ملاءة المال لدى الناس، زاد إنفاقهم، وتحسنت حالهم بالتتابع. فتكون المنفعة متعدية إليهم، وإلى أولئك الوجهاء كذلك الذين سنّوا تلك الأعراف، فكسبوا ود الناس وحبهم بالمقابل. وفي نهاية الأمر، انتفع التجار الذين ازدهرت تجارتهم جراء ذلك الإنفاق. إنها يا سيدي حلقة اقتصادية معقدة.

فقاطعته، قبل أن يتم جملته، بقولي:

— قد صدق من قال: "ربّ مغبوط بمسرة هي داؤه، ومرحوم من سقم هو شفاؤه". قبّحَ الله قول الإنسان حين يتحدث فيما لا يفقه، وما أعجب أمر التاجر حين يتحدث في شؤون اقتصاد الأمة! إنها والله حلقة لا تفقه من أمرها شيئا، إلا في ما يتعلق شأنه بما يملأ جيبك.

فتح ابن حنيفة فاهه، ورفع حاجبيه مستنكرا مقاطعتي له، وسرعة ردي، وضج صدى ضحكات ميخائيل التي ملأت أرجاء الدكان من علو صوتها. حينها، تبدلت نظرات إسماعيل؛ إذ أدرك مقصدي. فأنهينا حوارنا، وشكرنا ابن حنيفة على حسن ضيافته، وغادرناه مودعين، لنعود إلى جيادنا، ونكمل رحلتنا، نشق طريقنا في ربوع أراضي الخضرمة. وفي أثناء مسيرنا، التفت إلي إسماعيل يترقب كلمة مني. فقلت له، قبل أن يتفوه بكلمة يستهل بها حديثه، غير منتظر منه ردا ولا بدلا:

— أنىّ لأمة أن ترتقي، ويعلو شأنها وهي تحتكم لأعراف تسن على هذه الشاكلة؟ أنىّ لأمة أن تكون ندا للأحساء والحجاز وتنافسهما، وتجارتها واقتصادها قائمان على ضريبة قوافلهم التجارية! عجبا! فإن كان لابن حنيفة قدرة على التأثير في قرارات السّدة، فما هي قدرة نظرائه من التجار في المجالات الأخرى يا تُرى؟ إن ما نراه في اليمامة ليس إلا استهلاكا وإنفاقا لما يجري جمعه من ضرائب تلك القوافل. وما لهذا الإنفاق إلا أن يتوجه

لتلك الحضارات التي زودتكم بسلع تتباهون ببيعها في أسواقكم!

تنهدت بعمق محاولا ضبط نفسي، والتخفيف من نبرتي الحادة تلك، ثم التفتّ إلى إسماعيل، وقلت له:

— يا إسماعيل. لا تكن كمن قيل فيه: "مصروفة عيناه عن عيب نفسه.. ولو بان عيب من أخيه لأبصرا"، ولا تُفتن فتزلّ قدمك، ولا تنشغل ببهاء السماء دون أن تنتبه في خطاك للأرض. تفحص لتنظر ببصيرتك ما لا يدركه بصرك. فاليمامة، بتجارتها، وببيوت الدولة فيها، وبمأكلها، وبمشربها، من آبار ومواش، من معيز وإبل وأبقار، وبما تحويه من خيرها وشرها، وحكمائها ووجهائها، وأهلها وجنودها، هي قائمة على ريع ضرائب قوافل الحجاز والأحساء التي لا ناقة لكم فيها ولا جمل! وكل ما رأيناه اليوم من خير قد تباهيت به وتغنيت فيه، هو من ريع تلك الضرائب، وليس لأي كائن من كان، تاجرا كان أم وجيها، أي يد في بناء أي جزء منه. فمتى ما توقف ذلك الريع، فلن تجد واحدا من أولئك التجار يمد لك يد المعونة ليساعد الدولة حين تتعثر، وكيف يجد سبيلا لذلك وأساس تجارته قائم على الريع نفسه. ولن يقتصر الأمر على ذلك، فحتى إن صِحت بصوتك مستنجدا بجندي أو فارس باسل، تأمره وتنتظر منه أن ينصاع لأمرك، فلن تجد منه ردا، لا بالسمع ولا بالطاعة ولا بالرفض ولا بالعصيان، إذ سيكونون خائري القوى، يتلوّون من شدة الجوع. وسترى هذه

الأرض وهي تخلو من الحياة شيئا فشيئا، حتى لا تجد فيها موطئ قدم لبشر أو أسباب معيشة للناس، إذ ستجد الناس ينفرون منها كالنمل الهارب من سيل الماء، يشدون رحالهم إلى ديار أخرى، سعيا لرزقهم، باحثين عن حياة طيبة ينعمون بها. ولا عيب فيهم، بل فيمن رأى العلة، أو أُشير له بها، فوقف أمامها عاجزا، لم ينظر ولم يتحدث، فما بالك لأن تجده يفعل!

* * *

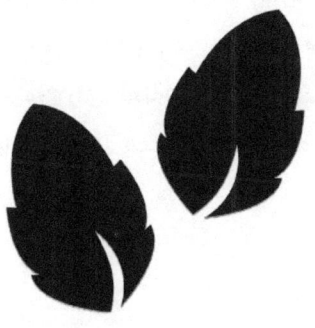

الفصل العاشر

أخيضرية مستدامة

غربت الشمس معلنة وقت الرحيل، وشدّ كل منا رحله إلى داره بعد يومنا الشيق ذاك. مدت أمواج الليل خيوطها، تنسج أطيافا من السواد في ذلك الفلك الواسع، ابتداء من أفق السماء الممتد، وحتى أقاصي نفسي. في هذه الوحشة، يُذكر الشيء بالشيء، أشعر الآن بأمر ستبتسمين له يا أمي، شعور طفلك إسماعيل ذي الأعوام السبع، حين يغتم لأمر جهِل فهمه وأعياه تعلمه، فيتجبر ويتكبر، لئلا يبدي ذلك، لا بقول ولا بفعل، إلا بنظرات انكساره التي يواريها، وتنهده العميق، فتنزلين إلي كملاك سماوي، لا يخفى عليه أمر، يجيد قراءة لغة العيون. وبقلب أم حنون، تمسحين على رأسي، وتضعين يدك على صدري، تقرئين وتنفثين، تنظرين إلي بعينيك الدافئتين، وترددين: "إسماعيل، ابني الفذ العظيم، يتجاوز كل خطب أليم، بإذن من هو بكل شيء عليم"، ثم تنتقل يدك من صدري قاصدة بطني، تداعبينني بدغدغة تعلو بها ضحكاتي التي تحتضنها ضحكاتك. أشعر الآن أمي، بكلماتك التي همست لي بها في لقائنا الأخير، تداعب وحشة ظلمتي هذه، وتسرقني من تيه أفكاري إلى سعة الأمل المتعلق في نياط صوتك الحاني، تضحك روحي بمداعبة كلماتك لي من ذكرى ذلك المنام، أستشعرها الآن أكثر من أي وقت مضى، أتذكرين حين قلت لي: "الفطنة، الفطنة! تمعّن في الأمور لتتمكن من المفاضلة بينها بحكمة، وانظر إلى صالح دولتك وقدمها أولا وآخرا، على أي شيء وعلى كل شيء"، ها أنا

ذا أمي، أتريث فلا أتعجل، أتبصّر أكثر من أن أنظر، أتجاوز الضغائن، وأتمعن في المعادن، واضعا مصلحة واحدة نصب عيني، أنشغل في شق طريقي لتحقيقها، هي وسيلتي وغايتي، أفتتح وأختتم بها كل شيء مقدما إياها قبل أي شيء، وعلى كل شيء.

يلبس ذلك الليل فوق ردائه الأسود حلكة لم أشهد لها مثيلا من ذي قبل، ويزيد من ظلمته ورهبته ما أوجسه في نفسي من خيفة، لا سيما بعد إدراكي لحقائق الأمور من حديثي المطول مع زاخر وميخائيل، قبيل رحلتي وأثناءها، فكأن ما كان مغيبا عني هو جزء من حلكة الليل الذي أبصره، في رهبته ومهابته، وكأني أبصرها للمرة الأولى من فرط ضيقي بها الآن، ولست حديث عهد بها، ولكم أعجب من ذلك، فكم من ليال مرت علي، كنت أرعى فيها النجوم، وأتسامر تحت سمائها، أتغنى بذكريات، وتشقيني ذكريات أخرى، فما بالي اليوم! تُرى هل أبصرت من بعد عمى؟ أم أنني كنت أغمض عيني في كل يوم، قاصدا النوم في وقت مبكر يسبق دخول هذا الليل. لست أدري، إلا أنني أعرف أن لداخلي صورة تنعكس الآن على ما أراه، تترجم حالي، وهي ما يميز هذه الظلمة عن غيرها، مزروع أنا كغرسة في هذه الأرض، أضيق ذرعا بالجذور التي تربطني بالقاع، محلقا بناظري لسعة هذا الأفق وعلو فضائه، طامحا للمس سمائه.

لا تتحرك الأشجار من حولي، ولا هبوب يدل على صوت حركة الريح، ولا صرير ولا هرير، إلا أن داخلي يهتز ويعصف بكلمات لا أنفك عن التفكير بها. في زاوية ما أسمع صوت صدى زاخر يصرخ بي قائلا: "أنىّ لكم.."، وفي زاوية أخرى تخيل لي نظرات ميخائيل البائسة، فأهتز قشعريرة منها. وبين تلك الخيالات تعصف بي الحال حيرة وحسرة. ما يثبتني ويمسح على قلبي بطمأنينة وسكينة هو أملي وتعللي؛ بصيص النور الذي يتسلل إلى نفسي، ليضيء هذه العتمة، ويثبت قدميّ، ويشحذ همتي. أغمضت عيني، وتنهدت بعمق، أُغالب عبرات أبيت أن أبديها، وبدأت أردد بهمهمة لا يسمعها إلا الله: "عونك يا رب.."، فوحده من ساقني لهذه الحقيقة، قادر سبحانه على تأييدي ونصري بعونه وتوفيقه، ولطفه وتسخيره.

وماذا بعد؟ ماذا بعد الآن، من أين أبتدي، وإلى أين أهتدي؟ كيف أتوصل لقرار يعصمني من الوقوع في الأخطاء ذاتها التي كنت مغيبا عنها سنين طوال؟ أشعر الآن بمدى حاجتي إلى تمكين زاخر وميخائيل من حلّ تلك العقد، وتحقيق تلك الحلول. فأنا بحاجة لمشورتهم بعد يومي هذا أكثر من ذي قبل، فهل سيتفضلان علي بهذا الفضل من بعد فضلهما ذاك؟ وهل سيرتضيان المكوث أكثر؟ أم أنني سأجد سبيلا للحاق بهما. لحظة! لست أدري ما هي وجهتهما التي سيقصدانها، وإلى أين سيشدان الرحال! ولا عجب أن غفلت عن أن أستوضح منهما،

فبالكاد تنبهت من وسط معمعتي هذه، من بعد ما لاقيته من صدمات ولوعات.

هلت تباشير الصباح، وها هي غزالة الضحى تثب بأشعتها في الأرجاء، معلنة بدء يوم جديد، بأمل جديد، وأنا معلق بوثاق الرجاء بحبل الدعاء لرب السماء. أنهيت مهامي اليومية المتعلقة بشؤون الأمة، ونظمت الأمور التي كانت معلقة تنتظر قدومي، الأهم منها فالمهم، فالأقل أهمية وهكذا، حتى داهمني الوقت وأنا أتنقل من بين شأن لآخر إلى قبل دخول وقت صلاة العصر بقليل. رفعت رأسي من بين انشغالي على صوت طرق الباب، أشرت برأسي للحارس، ففتح الباب وإذا بحارس داري يدخل منه، يحمل بين يديه طبقا معدنيا مملوءا بالعنب، تتدلى عناقيده من أطرافه، عنب ذهبي مائل للخضرة، الصنف الذي أفضله بالضبط. ارتسمت على شفتي ابتسامة واسعة، حاولت أن أخفيها إلا أنني لم أستطع، وتبسم قلبي قبل شفتي، إذ لاح لي بريق طيف ابتسامة لا طاقة لي في مقاومتها. أعرف مرسل هذا الطبق حتى لو لم ينطق الحارس باسمه، ولا مجال لشك يتسلل في نفسي، ويغالب حديث قلبي وتيقني. وقف الحارس في منتصف الحجرة، قَبالتي، رفعت رأسي له، فمالَ بظهره منحنيا، ثانيا يده اليسرى للخلف، مخفضا رأسه، منزلا يده اليمنى التي تحمل الطبق أمامي لتقديمه لي، وتنحنح بصوت منخفض منتظرا إذني له بالحديث، فقلت له وسط ابتسامتي الواسعة

تلك: "إيهٍ يا رزق، ماذا لديك؟"، أجابني وهو على حاله تلك: "حرمكم تقرئكم السلام، وتوصي لكم بهذه الفاكهة."، أشرت بيدي له، فاقترب مني وقدمه لي، ثم وضعه على المنضدة التي أجلس إليها، وانصرف منسحبا للخلف، خارجا بهدوء.

تنهدت بعمق، وعبق الذكرى رحيقها التنهد. عجبا! كيف تَسكُن هذه المرأة عواطفي وتُسكِن ما بينها، تتربع في ثنايا قلبي، فيغدو مرباعا عطرا، وربيعا نضرا. يخيل لي تبخترَها من أمامي الآن، وضحكتها بعد زعل قد طال، وبريق عينيها بعد رحلة سفر طويلة، بريق يحبس الدموع عن التساقط بعنفوان مطلق، تأبى أميرتي أن تبكي أمامي لكيلا تعلن ضعفها، وتسلم بالتعبير عن التياعها شوقا ولهفة. اعتدت منها أن أفهم الحب المضمر، بغير بوح بل بفعل، بضمة يد عند اللقاء، وبحنان وحكمة تربية الأبناء، وبحرص واهتمام وتفان والتزام. وهذا الطبق الماثل أمامي يحمل رسالة عتاب دافئة، فيها من لفح الأشواق ما أستلذ به وسط تناولي لحبات العنب منه، أتناوله وأضحك بيني وبين نفسي، لست أعلم إن كان فعلا لذيذا لهذا الحد الذي أجده في فمي، أم أن لذته المفرطة هذه سببها من تنتسب إليه. لم أزر زوجتي وأبنائي بعد عودتي من السفر، ففي هذه الأيام القليلة، سرقني الوقت بعد صدمة موت أخي محمد، وما تبعها من صدمات انشغلت بتقصي جذورها.

خرجتُ، عائدا إلى داري، حيث زوجتي وأبنائي، أحمل بيدي طبق العنب، وقد أبقيت فيه نصيبا أريد أن أناوله إياهم بيدي. كنت أسير في طريقي شارد البال، لا أتنبه في سيري إلى من أمرّ بهم. فهذه هي الليلة قبل الأخيرة، إذ ينتهي بانتهائها وقت استضافتي لزاخر وميخائيل. يشغل بالي التفكير بكيفية التعامل مع وجودهم في آخر يوم لهم. أقلب جدولة يومي وتنظيمه في رأسي، أريد أن أنتفع قدر الإمكان بهذه الليلة، انتفاعا لا يصب في صالحي، بل في صالح هذه الأمة. تنبهت إلى صوت عدو خيل مسرعة، وإذا بعبدالرحمن، حاجب والدي، يمر من أمامي مسرعا، عجلا، يكاد يسابق الهواء بعدو خيله، رفعت يدي ملقيا السلام عليه مشيرا له أن يتركد، فابتسم لي وهو على عجالته نفسها، وقال:

— إنها أوامر الأمير يوسف.. لا متسع للتريث والتروي، وأنت يا إسماعيل أعلم مني باستعجاله غير المبرر.

تبسمت له وهو يقترب مني، وعلقَتْ تلك الابتسامة الباردة على وجهي، إذ كنت غارقا بتفكيري بما سأصنعه في وقتي المتبقي برفقة زاخر وميخائيل. ولكني، ووسط تبسمي الحائر ذاك لعبدالرحمن، سرعان ما خطرت ببالي فكرة أطفأت لهيب حيرتي، مدركا بها أمرا لا بد له من أن يحدث، عاجلا أم آجلا، وهو لقاء الأمير يوسف بزاخر ليسمع منه مباشرة ما سمعت.

فأشرت إلى عبدالرحمن مناديا إياه قبل أن يبلغ مكاني، وما إن اقترب مني حتى قلت له:

— مهلا.. مهلا، سأسألك أمرا يا عبدالرحمن آمل ألا يؤخر سير أعمالك.. بالله عليك، وأنت في طريقك إلى والدي الأمير يوسف، أبلغه بأنني أدعوه إلى العشاء في ديواني الليلة بعد صلاة العشاء، إن سمح وقته بذلك، وبمعية إخوتي جميعا. ومناسبة هذه الدعوة الاحتفاء بميخائيل وصاحبه الكريم، قبيل انتهاء مدة ضيافتهم في ديارنا.

وما إن أرسلت دعوتي، حتى تبدلت حالي. فلا أحتاج شيئا الآن إلا أن أرتمي في حضن أسرتي، زوجتي وأبنائي، بعد أن سرّحت ما كان يشغل فكري ويقلق راحتي. وفور وصولي الدار، أمرت الحارس بإبلاغ ضيوفي بموعد العشاء دون أن أفصح عن أمر حضور والدي وإخوتي.

أدّيت صلاة العشاء مع مجموعة من الفرسان بجانب الديوان، حرصا مني لأن أكون حاضرا قبل الجميع. حضر إخوتي أولا، ثم والدي الأمير يوسف، نتسامر ونأكل بعضا من التمر، نروي ونحكي متغنين بأحاديث الماضي التي يعشعش حبها في الروح، فلا ينفك اشتياقنا إليها. في هذه الليلة، حرصت على ألا أغيّب ذكر أخي محمد رحمه الله، أذكر حديثا يحبه، وأتعمد النطق بكلمة يكررها، وأشير لقصة هو بطلها. أداعب والدي بما تعود أن

يداعبه به، وبين حرصي على استذكار محمد في حديثي تارة، كنت أوجه حديثي لإدريس مذكرا إياه بقصة شهدناها سويا في الأحساء تارة أخرى، وأصمت مرات كثيرة مستمعا لحديث إخوتي، مستمتعا به، وهكذا دواليك.

فُتح باب الديوان فجأة، وإذا بميخائيل وزاخر يعلنان دخولهما بعلو ضحكاتهما قبل أن نراهما تمام الرؤية. كانا واقفين أمام الباب، يمسك كل منهما يد الآخر، لم يرفعا ناظريهما إلينا، فقد كان زاخر ملتفتا إلى ميخائيل الذي يحدثه بحماسة، ويتعثر في حديثه من فرط الضحك، ويضحك زاخر على ضحكه، مستبشرين، تفيض من ملامح وجهيهما السعادة. وحين اكتمل فتح الباب، وجانب الحارسان عن المدخل يمينا ويسارا، مشيران لهما بالدخول، التفا برأسيهما نحونا ليدخلا. وما إن أبصرا جمع الحضور في المجلس حتى تبدلت حالهما، وانقلب استبشارهما وضحكهما إلى ذهول وصدمة، وارتسمت على ملامحهما الجدية. قمت أسابق خطاي نحوهما بسرعة، وقلت مرحبا بهما، بابتسامة واسعة، فاتحا كلتي ذراعيّ لهما:

— حللتما أهلا ووطئتما سهلا.. أعرفكما إلى والدي الأمير يوسف، وأبنائه. أهلا بأخويّ بين إخوتي..

التفت ميخائيل إلى زاخر، يرمقه بنظرة حادة عميقة، ثم التفت إلي، محمرّ الوجه، يعض على نواجذه، ويحاول جاهدا أن

يتبسم، إلا أن حاله ترفض ارتسام تلك الابتسامة المزيفة على محياه، يشد على يد زاخر التي يمسكها كفا بكف بقوة حتى أن يده كانت تهتز من شدة إحكام قبضته. أيقنت من حاله هذه أنه مثقل بهمّ سلامة ابن تميم، مستاء من المخاطرة بهذا الاجتماع، خوفا من أن تنكشف هويته، فبالنسبة له، لا يعد هذا محض لقاء عابر، فهو يفكر في تبعاته، وما ستؤول إليه الحال في ديواننا هذا، وبعد لقائنا هذا، تشقيه احتمالات قد تغيب عن ذهني، إلا أنها لا تمر مرور الكرام أمام فطنة الحكيم، ورجاحة عقله. علقت عينيّ أنظر إلى وسط عينيه وأنا أتبسم، حاولت أن أطمئنه بأنْ لا تخف، لكنه لم يبدِ لي أي استجابة، ولم تتغير حاله تلك، لم يهدأ اضطرابه ولم تستكن حاله. حوّلتُ ناظري إلى حيث يجلس والدي ومن حوله إخوتي، ملتفتا بجسدي إليهم، وقلت وأنا أشير بيدي إلى ميخائيل وزاخر:

— هذان هما ضيفاي اللذان زاداني شرفا. وكما يقال المعرف لا يُعرف، أخي ميخائيل الغني عن التعريف، وصاحبه الكريم، أبو مضر، حكيم من حكماء نجْد، لم أر أكرم منه أخلاقا، ولا أنبل فطرة ولا أطيب قلبا ولا أخلص جوهرا.

عرفت بزاخر بكنية ومهنة مضمرا هويته، إذ قلت: "أبو مضر، حكيم من حكماء نجْد."، وأمسكت لساني متوقفا عن الحديث، لم أُفصّل فأسهب، ولم أراوغ فأكذب، ثم التفتّ إلى زاخر وميخائيل مبديا ابتسامة حب، مميلا برأسي لهما رافعا حاجبيّ،

فابتسما لي وسط ذلك الذهول الذي خيم عليهما، حتى بدأت غيمته في الانقشاع شيئا فشيئا. فقد فهما أنني بقولي ذاك قد انتبهت لما عكر صفوهما، وكانا يغتمان به، ويخشيان وقوعه. أفلت ميخائيل كفه من كف زاخر ببطء، وأشار لي بعينيه وسط تبسمه بعمق وراحة، إذ أيقن بأني لن أفشي سر زاخر كاشفا عن هويته في حضرة والدي وإخوتي.

وما إن مضى وقت يسير على جلوسنا في مجلسنا ذاك، بأحاديث جانبية خفيفة، وابتسامات متبادلة، حتى حان وقت تناول الطعام، فوجهتهم إلى مائدة العشاء. تقدم والدي وتبعه ميخائيل وزاخر، ومن بعدهم إخوتي وأنا من بينهم، جلس والدي في صدر المائدة، والتففنا جميعنا من حوله. وبدأنا باسم الله، نأكل قليلا، ونتحدث قليلا، إلى أن وجدت متسعا لجر الحديث إلى وجهة أبتغيها، التفتّ إلى زاخر وميخائيل، فرأيت في ملامح وجهيهما إدراكهما لما أتقصّد قوله، رغم تصنعي بأنه من سياق الحديث، وأني قد بلغت إليه صدفة من تتابع الكلام، إلا أنه في حقيقة الأمر ليس كذلك، فهو مبتغاي من لمّ هذا الشمل، وهدفي الذي أترقب بلوغه منذ بداية هذه الليلة. فبدأت أوجّه دفّة الحديث، وسردت الحالة التي وصلت إليها الدولة الأخيضرية، مقتبسا أقوال زاخر دون أن أذكر اسمه أو أذكر علاقته بعالية نجْد لا من قريب ولا من بعيد. ومن ابتداء حديثي، وبمعونة ميخائيل وزاخر، استطعت أن آخذ والدي وإخوتي إلى الحال ذاتها التي

بلغتها من بعد حديث ميخائيل وزاخر لي في تلك الليالي الفائتة، منذ وصولي من الأحساء. فمن أحداث من هم على شاكلة عكرمة، ومن ذلك الصراع على المال والجاه والسلطة، إلى تردي أحوال الأمة بزاوية كانت ومازالت غائبة عن ناظرنا. أنهيت الحديث وختمته بما ختم به زاخر حديثه ليلة البارحة، معاتبا والدي وإخوتي بنبرة الأسى ذاتها التي وجهها إلي زاخر، قائلا لهم، وعيناي ممتلئتان:

— حدثوني. كيف يمكن لأمتنا أن ترتقي، ويعلو شأنها، وهي تحتكم لأعراف تسنّ على هذا النحو؟ بل أنّى لأمتنا أن تكون ندا للأحساء والحجاز وتنافسهما، وتجارتها واقتصادها قائمان على ضريبة قوافلهم التجارية!

رفع والدي رأسه، وابتسم بصعوبة، كان ينقل بصره بيني وبين زاخر، وضع يده على كتفي، وظل يرمق زاخر بناظريه بحدة وسط تبسمه ذاك، ثم التفت إلي مطبطبا على كتفي، وهو يقول:

— أنعم وأكرم بضيفيك يا إسماعيل، خيرا صنعت باستضافتك لهما يا بني. ولكن ما تحدثني به نفسي يوجب علينا أن نجلّهما، ونقدرهما شاكرين لهما ما أكرماك به فيما نهلت به من نافع علومهما وعميق حكمتهما، وهذا والله دَين في رقابنا جميعا، ولا شك يعتريني بأنك قادر على رد هذا الدَين لهما يا بني.

وما إن أنهى والدي كلامه الموجه إلي، حتى عاد بناظريه إلى زاخر، وقد ضمّ يديه كفا على كف، يرمقه بنظرات مليئة بالفضول والذهول، مبتسما انتشاء وغبطة بتلك الأحاديث، وقال مخاطبا إياه:

— إذن، قل لنا يا أبا مضر. ما هي نصيحتك لمن هو في موقعي، أو في موقع أبنائي الذين تراهم أمامك؟

التفّت جميع الوجوه في تلك المائدة شاخصة إلى زاخر، ترمقه بمقل تفيض استفهاما وحيرة، تترقب رده بلهفة وتركيز، عدا واحد منا، وهو ميخائيل بالطبع، فكان مبتسما منتشيا بما سيقال قبل أن يقال، لا بمضمونه بل بكيفيته. تنحنح زاخر، وأسند يده إلى المنضدة، ثم قال بنبرة جادة وحادة:

— سيدي الأمير يوسف. أنتم اليوم، وبعد حديث إسماعيل المطول هذا، لا بد من أنكم قد بلغتم حالا تدركون بها حال الأمة. فرؤيتكم لمستقبلها الآن لا يختلف بتاتا عن رؤيتي له، إذ جميعنا نتفق، بشكل أو بآخر، بأن حال الدولة في المستقبل لن تكون كما نتمنى ونطمح، بل على العكس من ذلك، سنشهد حالا عسيرة، تطالُ الجميع بلا استثناء، وتصل القاصي منّا والداني، في حيز لا حدود له. إذ إن وصوله للجميع مرتهن بالوقت ليس أكثر، ليمس أبناء الدولة أولا، ثم يبلغ بتأثيره القائمين على إدارتها، أي أنتم. وعوضا عن الخوض في ما أسميته أحاديث الجواري؛ تلك

الأحاديث التي لا تسمن ولا تغني من جوع، كمناقشة تقصير بيت الدولة ذاك، أو خلافات الوجهاء، فإن نصيحتي تتمثل في وجوب الاتفاق على رؤية مستقبلية نرسم أساسها وفروعها بما يتناسب مع الدولة الأخيضرية، كخطوة أولى وبداية انتقالية.

قاطع أخي إدريس حديث زاخر بتساؤل، قائلا:

— عذرا أبا مضر، ما الذي تقصده بالرؤية المستقبلية في قولك؟

التفت إليه زاخر، وقال:

— إن الرؤية المستقبلية في مفهومها يا إدريس لهي تصور نرسم به حال الدولة الأخيضرية التي نطمح للوصول إليها بعد مدة محددة من الزمن. ولكي نتفق على رؤية ما، سأوجه تساؤلي لكم أيها الأخيضريين بالتالي، ما هي الحال التي ترتضونها للدولة الأخيضرية وأبنائها بعد عشرين سنة؟ أهو فقر أبناء الأمة أم رفاههم؟ أهو تفاقم أعداد جهلائهم أم نبوغ حكمائهم؟ فحالكم اليوم لن تغني ولن تسمن لكم من الأمر شيئا، بل سترمي بكم هذه الحال في قاع كالخندق، يصعب عليكم الفرار منه، تتخبطون بين جهلة مستهلكين من أبناء أمتكم، يأكلون في أنفسهم يوما بعد يوم إلى أن يفنوا، فلا يتبقى من أسويائهم أحد، فيهاجرون، ويتركون الأرض وما عليها للطيور والدواب وجياع الذئاب. أما إن

كنتم تبتغون خِلاف ذلك، فإن ضالتكم التي تبحثون عنها، هي رؤيتكم في خلق استدامة الدولة الأخيضرية.

ابتسم والدي لما سمعه من حديث زاخر، وما ابتدأ به كلامه، وقال له مُتسائلا:

— أتعني باستدامة الدولة الأخيضرية استمرارية الدولة؟

تبسم زاخر بحلم، واعتدل في جلسته، معلقا ناظريه في عيني والدي، وأردف قائلا:

— لا.. أبدا يا سيدي، ليس هذا ما أعنيه. إن الاستدامة معنية باستمرارية الدولة، فقط في حال عدم تأثير تلك الاستمرارية في استمرارية الأجيال التي ستكمل مسيرة الدولة مستقبلا من بعدكم، من أبنائكم وأبناء الأمة بأكملها. وليتبين لك الأمر بوضوح أكثر، سنقارن ما تعنيه الاستدامة بحالكم اليوم، فلعلك تتساءل الآن يا سيدي بينك وبين نفسك، لماذا لا تعد حالكم في يومكم هذا مستدامة؟ ولعلي أجيبك بالسبب الذي يطفئ فضول هذا التعليل، إن السبب مرتبط بأن ما تشهده حالكم اليوم قائم ومرتهن على صرف كل ما يجنيه بيت المال من ريع ضرائب قوافل الأحساء والحجاز بالمجمل. وهذا الأمر لا يعد إنجازا لجيلكم الحالي، إذ هو استهلاك لموقع أراضي الدولة في طريق اقتصادَين آخرين. وعليه، فإن الحق الخاص بالجيل الحالي، من ريع ضرائب القوافل هذه السنة، يعادل حق كل جيل لاحق، وحق

كل جيل سابق، والسبب وراء ذلك هو انعدام دور أي من تلك الأجيال في تحقيق قيمة موقع الأرض التي كانت أساس استحقاق تلك الضرائب. وبحالكم هذه يا سيدي، فإن الجيل الذي يستمر عيشه مدة أطول، يحصل على قدر أكبر من ذلك الريع، وهذا بلا شك يتنافى مع مفهوم الاستدامة. وعليه، تؤول بكم الحال إلى حال أسوأ سنة بعد سنة، وهكذا دواليك، كما أسلفنا الذكر فيما سبق الحديث عنه.

قاطعت استرسال زاخر، فلم أُطِق صبرا، محاولا الوصول إلى مبتغاي، قلت عاقدا حاجبيّ، ومتسائلا:

— واضح يا أبا مضر، ومن هنا وبعد أن فهمنا ما تعنيه، خذ بأيدينا وأخبرنا كيف يمكننا أن نصلح هذه الحال؟

التفت إليه زاخر، وقال وهو ينقل بصره بيننا جميعا:

— أبشر واستبشر يا مضيفي، وإن لتساؤلك هذا جوابين يا إسماعيل. فالأول بسيط جدا يجيء بغية إيضاح وجهة الإصلاح، والتي قد يلتبس فهمها، وليس بنية تطبيق تلك الوجهة. فالجواب الأول هو أن يعاد استثمار الجزء الأكبر من ريع ضرائب القوافل في اقتصاد الدولة الأخيضرية، لا على تجار يقومون بتوفير سلع استهلاكية، بل على أولئك الذين تقوم تجارتهم على الصناعة والإنتاج اللذين يخفضان اعتماد الدولة الأخيضرية على توريد سلع من دول أخرى، أو يرفعان حجم تصدير الدولة

الأخيضرية إلى تلك الدول، وعليه يكون لهما دور أساسي في جلب الأموال من خارج الدولة.

رفع والدي رأسه بانتشاء مشوب باستفهام واضح، بدا في تقاسيم وجهه، فتوقف زاخر عن الحديث، وأنزل رأسه مفسحا المجال لوالدي بأن يسأل سؤاله، فأردف والدي يسأل:

— وما هو الجواب الثاني يا أبا مضر؟

ابتسم زاخر متعجبا من تعجل والدي، وقال:

— إن الجواب الثاني يا سيدي معني باتفاقكم لوضع ثلاث رؤى فرعية، تسهم بدورها بتحقيق رؤيتكم الأساسية المعنية باستدامة الدولة الأخيضرية. وبناء على ذلك، فعلى رؤيتكم الفرعية الأولى أن تكون غايتها تشييد اقتصاد مستدام، وأما الثانية فتكون تشكيل مجتمع مرفه، وأخيرا فإن الثالثة تكون بناء ثقافة رفيعة. وبتلك الرؤى يا سيدي، فإنكم سترون اقتصاد الدولة الأخيضرية بعد عشرين سنة من الآن هو ذلك الاقتصاد المستدام القائم بذاته، غير المعتمد بتاتا على حال تجارة القرامطة في الأحساء، أو حال تجارة الحجاز. وفي الوقت ذاته، فإنكم من قمة تخطيطكم هذا سترون أبناء دولة الأخيضرية ينعمون بمعيشة كريمة ورفاه غير مسبوق، والرفاه هنا لا يعني كثرة المال، فكم من مال وفير لم يأت بقوت يوم واحد، وكم من مال قليل ضمن لحامله الكرامة والحياة الهانئة الطيبة. فالرفاه

هنا غير معني بتحسين ما يحصل عليه المرء من مال مقابل جهده وحسب، بل معني أيضا بتحسين ما يحصل عليه المرء مقابل ذلك المال. وتكاملا مع هذا وتلك، إذ يكمل بعضهما الآخر، فإنكم ترون أبناء الدولة يحظون بثقافة رفيعة غير مسبوقة، قادرة على مواكبة حداثة وجهة الدولة، فتكون إنجازاتهم منقطعة النظير، مساهمة في استمرار تطور بيوت الدولة وقطاعاتها التجارية والصناعية، سواء كانت إنتاجية أم استهلاكية.

توقف زاخر عن حديثه، وعمّ الصمت أرجاء المكان. كانت أنظارنا معلقة عليه، تنتظر منه إتمام ما بدأ به. وفجأة، التفت زاخر إلى ميخائيل الذي وصل به الانشراح إلى آخر مستوى له، رمقه بنظرة لم أفهم مغزاها، تبسم له ميخائيل، وأسند يديه إلى المنضدة، ثم أردف قائلا:

— هل ترغب يا أبا مضر بسؤالي عن كيفية تطبيق تلك الرؤى يا تُرى؟

لم يتمالك زاخر نفسه، وانفلتت ضحكاته من بين شفتيه المبتسمة، ضاحكا لاستجابة ميخائيل لنظراته، وفهمه له دون أن ينطق بكلمة واحدة، وقال مجيبا ميخائيل:

— نعم، نعم يا ميخائيل، هذا ما كنت أبتغيه وأقصده من نظراتي لك.

فالتفت إلينا زاخر، وأكمل حديثه قائلا:

— مثلما جاءت تلك الرؤى الفرعية الثلاثة لتكمل بعضها بعضا في تحقيق الرؤية الأساسية، بحيث لا يمكن للرؤية الأساسية أن تتحقق في حال لم تتحقق جميع الرؤى الفرعية، تجيء الأهداف الرئيسية لكل رؤية منها، كل على حدة، فلا يمكن لأي رؤية منهم أن تتحقق إلا مع تحقق جميع الأهداف الرئيسية الخاصة بها. ولكيلا يلتبس الأمر عليكم، فإن مفهوميّ الرؤية والهدف يتشابهان من حيث مضمونيهما، ولكنهما يختلفان من حيث حجم نطاقيهما. فمن الممكن تبسيط ما يتعقد في هذا الحديث في قولنا بأن الرؤية هي هدف على نطاق متوسط إلى واسع الحجم، كهدفنا في تحقيق دولة أخيضرية مستدامة. أما الهدف فهو رؤية ذات نطاق متوسط إلى نطاق ضيق الحجم، مثلا كهدف تحسين أداء مهام بيوت الدولة. والأمر هنا قابل للتوسع في رسم الشجرة، فمثلما جاءت الرؤية الأساسية برؤى فرعية، فيمكن للهدف أن يكون أساسيا لا يتحقق إلا إذا ما تحققت أهدافه الفرعية. كذلك، فإنه من الممكن لتلك الأهداف الفرعية أن لا تتحقق أيضا، إلا إذا ما تحققت أهدافها المتفرعة منها هي الأخرى، وهكذا دواليك.

قاطعه والدي الأمير يوسف، إذ قال له:

— بذلك نكون قد رسمنا شجرة، أساسها رؤيتنا، وأفرعها الرئيسة هي تلك الرؤى الفرعية. في كل فرع أغصان نعدها أهدافا أساسية، وفي كل غصن ثمار تكون هي تلك الأهداف الفرعية.

ابتسم زاخر، وهو يشير برأسه تأييدا لما أردف والدي قوله، وأجابه قائلا:

— بالضبط، وهو كذلك، أصبت يا سيدي، فتح الله عليك فتوح العارفين. ولكي تتحقق الرؤية الأساسية؛ أي الشجرة، وجب علينا استغلال عامل الوقت، وذلك بجني الثمار كلها وقتما تنضج، لتنبت لنا تلك الشجرة ثمارا جديدة، أكثر وأكثر، في أقصر وقت ممكن. وعودا على ما أسلفنا ذكره، يجب أن نتفق بأن الرؤية لن تتحقق إلا في حال تحققِ جميع رؤاها الفرعية. وتلك الرؤى الفرعية لن تتحقق إلا في حال تحققِ أهدافها الرئيسة. وتلك الأهداف الرئيسة لن تتحقق إلا في حال تحقق أهدافها الفرعية. بذلك، فإننا ندرك بأن الرؤية الأساسية ستتحقق متى ما تحققت جميع الأهداف الفرعية؛ أي في حال حصادنا لجميع تلك الثمار. وهنا، تنتهي مرحلة رسم طموح الدولة الأخيضرية، لندخل في مرحلة رسم المخطط الذي سيوصلنا إلى جني تلك الثمار بأسرع وقت ممكن؛ أي رسم مخطط تحقيق تلك الأهداف الفرعية.

اعتدل أخي إدريس في جلسته، مبديا حماسة، وتنحنح، ثم قال متسائلا:

— أتعني بأن نضع سلما لكل ثمرة؟ أي مخططا منفصلا لكل هدف فرعي؟

فأجابه زاخر قائلا:

— لا يا إدريس. مثلما جاءت الرؤية الأساسية برؤى فرعية، وجاءت الرؤى الفرعية بأهداف أساسية، وجاءت تلك الأهداف الأساسية بأهداف فرعية، فكذلك هي حال المخطط، والذي يُعرف بمخطط تطبيق الرؤية. مثلما تفضل سيدي يوسف في الاستعانة بمثال الشجرة، فيكون لدينا سلم واحد يصعد ابتداء من أساس الشجرة، ثم ينقسم إلى مجموعة من السلالم مع انقسام أفرع الشجرة، وبعدها ينقسم داخل كل فرع حسب انقسام الأغصان، وهلم جرا إلى أن يصل إلى الثمار.

قاطعه ميخائيل وهو يتبسم، تفيض ملامحه استمتاعا ونشوة، وقال مستعجلا زاخر:

— أرى أنك في هذه الجلسة المباركة يا أبا مضر تفكر في وضع خطة إصلاح للدولة الأخيضرية. أستأذنك في أن أشير لك بأمر مهم للغاية، فإني أراك قد أسهبت في سرد ما عرّفته بمخطط تطبيق الرؤية دون أن تذكر لنا الأهداف. فلكيلا يلتبس الأمر لدي ولدى الجميع، أعتقد، والله أعلم، بأنه من الواجب وضع النقاط على الحروف، عبر وضع الأهداف أولا. وبذلك يمكننا إدراك ماهية مخطط التطبيق بشكل أفضل، ألا توافقني الرأي يا صاحبي؟

ارتفعت همهمة والدي وإخوتي تأييدا لما قاله ميخائيل، فالتفتوا إلى زاخر وإذا به يكمل حديثه قائلا:

— أحسنت يا ميخائيل. ابتداء برؤيتنا الفرعية الأولى؛ أي تلك الرؤية الخاصة بالدولة الأخيضرية لتحقيق اقتصاد مستدام، وجب علينا أن ندرك أن هذه الرؤية لا تتحقق إلا في حال تحقُق هدفين رئيسيين، يكمل بعضهما الآخر. الهدف الأول يُعنى بخفض حصة ما يجنيه بيت المال من ضرائب القوافل، من مجمل ما يدخل بيت المال. وهذا لا يعني بأننا نهدف إلى خفض مجمل تلك العوائد، بل نهدف لرفع عوائد الرسوم على التجارة داخل حدود الدولة. ففي الوقت الحالي، يشكل ريع ضرائب القوافل تسعة أعشار مجمل الأموال المحصلة من قبل بيت المال، أما عوائد الرسوم على التجارة فتشكل نصف العشر فقط. فعند السعي لزيادة حجم الرسوم على التجارة، سترتفع حصتها من المجمل لتصبح أكثر من نصف العشر، وفي الوقت نفسه ستنخفض حصة ريع ضرائب القوافل.

قاطع والدي يوسف استرسالَ زاخر باستنتاج جانبَ الصواب، إذ قال:

— هذا أمر بسيط جدا، إذ يمكننا بسهولة رفع الرسوم دون رسم مخطط لتطبيق هذا الهدف، وبالتالي نكون قد حققنا الهدف في يوم واحد.

زمّ زاخر فمه، وبان على ملامحه أنه لا يؤيد ما تقدم به والدي، ورد عليه قائلا:

— لقد استعجلت باستنتاجك يا سيدي الأمير، فإن قمنا بذلك، فإنّ التجارة داخل حدود الدولة ستكون طاردة للتجار بسبب ارتفاع كلفتها. لذلك، ومثلما ذكرت لك قبل قليل، فإن هنالك هدفا ثانيا يكمل الهدف الأول، وهو أن تكون الدولة الأخيضرية مركزا تجاريا منتجا ومصنعا، مركزا جاذبا لجميع التجار، أيا كانت أعراقهم أو دياناتهم. فتحقيق هذا الهدف من شأنه توسيع حجم التجارة داخل، ومن وإلى الدولة الأخيضرية، لا بسلع تستهلك داخل حدود الدولة وحسب، بل أيضا بسلع تصدَّر إلى الدول المجاورة. فمع هذا التوسع، ترتفع عوائد الرسوم على التجارة، حتى وإن انخفض رسم كل تاجر على حدة.

تبسم والدي الأمير يوسف، وقال موجها حديثه لزاخر:

— يا أبا مضر. أنىّ لنا أن نجيّر الأعراف لتحقق هذا الأمر. إن ما أشرت إليه نابع من نبل تجاه معاملة الدولة معاملة الجسد الواحد، ولكن التجار في الدولة الأخيضرية لا يدركون ما يصلح لهذا الجسد، ولن يقبلوا بدخول تاجر من خارج الدولة ينافسهم في تجارتهم ورزقهم الذي اعتادوه. ولذلك ستجدهم أول من يدعم وجهاء بيت الشورى لمعارضة أي عرف يسعى إلى هذا التوجه الذي ينشده هذا الهدف..

رفع زاخر رأسه، وقال بصوت هادئ ونبرة متزنة:

— سيدي الأمير يوسف، إن الدولة الأخيضرية باقتصادها هذا أشبه بالمرء الذي خسر ساقه، فأكمل حياته وعمله متنقلا بساق واحدة يدعمها بكفّ يده، فيحبو على الأرض بجهد بالغ، بساقه الواحدة، وما تعينه به يده. أما التجار، فهم أشبه بتلك الطفيليات التي تكونت على كف يد هذا المرء، تقتات على كل ما يعلق في تلك الكف من أرض يكسوها عفن. فلا عجب أن ترفض تلك الطفيليات استعانة هذا المرء بساق من خشب، فإن تحقّق ذلك فستخسر قربها من ذلك العفن الذي اعتادت أن تقتات عليه. فهل من العقل والمنطق أن تتردى حال هذا المرء، ويخسر رزقه وقوت يومه، بسبب طفيليات أعطيت حق الإدلاء برأيها، لترسم مستقبله؟

قهقه ميخائيل ضاحكا، وقال مخاطبا زاخر:

— يا أبا مضر، لقد التهمني الفضول، ولا طاقة لي في تحمل انتظار سماع تفصيل المخطط. حدثنا كيف ستتمكن الدولة من تطبيق هذين الهدفين؟

تبسم زاخر، ورفع يده مشيرا بسبابته، وهو ينقل بصره بيننا جميعا، وقال:

— لكل من هذين الهدفين مخطط تطبيق منفصل. فالمخطط الأول، والمعني بتحقيق الهدف الأول، هو في حقيقة الأمر إصلاح سياسي بين وجهاء الأمة، وهذا الإصلاح لن يتأتّى من

مدى نبل الوجهاء وحسب، بل عبر إدراج تهديد اقتصادي مصطنع، يحقق بدوره الإصلاح السياسي المنشود. أما المخطط الثاني، والمعني بتحقيق الهدف الثاني، فهو إصلاح اقتصادي يأتي وفق المعايير التي يحددها المخطط الأول.

قاطع إدريس حديث زاخر، قائلا:

— رويدا، رويدا، أرجو منك أن تبسّط ما تفضلت به يا أبا مضر.

فقال زاخر:

— لك ذلك يا إدريس. إن المخطط الأول يقتضي ويعتمد سنّ وجهاء بيت الشورى لعرف ينص على إنشاء صندوق مال منفصل، ولنفترض أن يكون باسم صندوق يوسف مثلا. وعند سنّ عرف إنشاء هذا الصندوق، فإن هذا الصندوق يكون فارغا، أقصد أنه لا يحتوي على أي من المال، كما أنه لا يكلف الدولة شيئا. وتزامنا مع هذا العرف، يجيء عرف آخر معني بخفض سنوي لحصة اعتماد بيت المال على ريع ضرائب القوافل التجارية المملوكة لتجار الأحساء والحجاز، على أن يعادل هذا الانخفاض نصف عشر مجمل ما يدخل بيت المال كل سنة، إلى أن يصل ريع ضرائب تلك القوافل إلى عشرَين ونصف العشر في آخر سنة من مخطط تطبيق هذه الرؤية. وعند نهاية كل سنة، وفي حال لم تنخفض حصة اعتماد بيت المال على ريع ضرائب

تلك القوافل بنصف عشر من المجمل، فسوف يجري تحويل فارق نصف العشر هذا إلى صندوق يوسف. أي في حال انخفض الاعتماد ربع عشر المجمل، فيجري تحويل ربع عشر المجمل إلى الصندوق. أما إذا انخفض الاعتماد بنصف عشر المجمل، أو أكثر، فلا يجري تحويل أي شيء إلى هذا الصندوق، وهكذا.. هلم جرا.

تأجج فضولنا أكثر، كنا ننظر إلى زاخر فاغري الأفواه، وبنظرات حادة، تحاول أن تلتقط الأمر بتفصيله الكامل دون أن تفوت من فهمه السليم شيئا. أكمل زاخر قوله، مُردفا:

— وهنا تأتي المناورة السياسية في بيت الشورى، إذ يجب توضيح ماهية اقتصاد الدولة الأخيضرية للوجهاء، وتبيان مدى تأثر التجارة في اليمامة بشكل مباشر مع تأثر تجارة الأحساء والحجاز، وما لذلك من تأثير في سياسة الدولة ومتانتها، وقدرتها على الاعتماد على ذاتها. من هنا، يجب على الوجهاء أن يدركوا بأن بيوت الدولة قائمة على ريع ضرائب القوافل فقط، إذ منها تصرف أجورا للعاملين فيها، وتدفع لمجموعة من قطاع التجار مقابل مواثيق لسد احتياج تلك البيوت، وتلك المجموعة تعطي أجورا للعاملين فيها أيضا. وليس ذلك وحسب، بل يجب على الوجهاء أن يدركوا بأن قطاع التجار منقسم إلى ثلاثة أقسام، الأول منها هو القائم على مواثيق بيوت الدولة، والثاني هو القائم على بيع سلع وخدمات استهلاكية لعامة الناس. وعامة الناس هم

هؤلاء الذين يحصلون على أجورهم من بيوت الدولة أو قطاع التجار. أما الثالث، فهو القائم على بيع سلع مصنعة ومُنتَجة تسهم في خفض ما يجري استيراده، أو تزيد من حجم ما يجري تصديره إلى الخارج. وآخر أمر، على الوجهاء أن يعوا بأن القسم الثالث، بعد مقارنة بين القسمين الأخيرين، لا يشكل أي حجم يذكر في تجارة الدولة الأخيضرية، وعليه فإن بيوت الدولة وقطاع التجار فيها يقومون بشكل شبه كلي على ريع ضرائب القوافل التجارية المارة عبورا باليمامة بين الأحساء والحجاز. ومن هنا سيعي الوجهاء أهمية عرفيّ صندوق يوسف وخفض اعتماد بيت المال على ريع ضرائب تلك القوافل، ويتوافقون عليهما حين يدركون بأن ما يجري تحويله إلى صندوق يوسف سيعاد استثماره لخفض هذا الاعتماد.

طرح ميخائيل تساؤلا فور انتهاء زاخر من حديثه ذاك، وأغلب الظن أنه يعرف له جوابا، إلا أنه قصد تنبيه زاخر للتطرق إليه، إذ قال:

— حسنا أبا مضر. وفي حال تطبيق هذا العرف؛ أي عرف صندوق يوسف، يرادوني سؤال بذلك الخصوص، لعلك تجيبني عنه، تساؤلي متصل بتلك السنين التي ينخفض بها ريع ضرائب قوافل الأحساء والحجاز. فكلنا يعلم بأن الدولة الأخيضرية تخرج في فتوحات من هنا وهناك، بهدف تعزيز ما في بيت المال متى ما تأثرت تجارة الأحساء والحجاز، وذلك لسد احتياجات بيوتها

وأجور العاملين فيها. ولكنك في هذا العرف تزيد الحمل على كاهل بيت المال، فكيف لبيت المال أن يسدد ما يدين به إلى صندوق يوسف في حال لم يتمكن بيت الشورى والقائمون عليه من خفض اعتماد بيت المال على ريع ضرائب تلك القوافل؟

ابتسم زاخر، وقال مجيبا ميخائيل:

— وإن هذا بالضبط لهو المبتغى من العرف يا ميخائيل؛ أي صنع هذا التهديد الاقتصادي الذي يسوقنا بدوره إلى إصلاح سياسي. فاليوم، تأتي أعراف بيت الشورى عشوائية لا قيمة لها، بغية تحقيق مصالح فئات مختلفة، قد يكون لها وزن سياسي أو تجاري قادر على الوصول بوجهاء يحققون مبتغاهم بوساطتهم. ولكن، في حال اضطر بيت المال إلى خفض أجور جميع العاملين في بيوت الدولة، والذي سيكون له تأثير مباشر وغير مباشر في التجارة داخل حدود الدولة، فسيُوجّه اللوم أولا وآخرا إلى وجهاء بيت الشورى، وذلك بسبب إخفاقهم في ردع توجه بيت المال. ويجيء اللوم بشكل مختلف هذه المرة، إذ يطالب عامة الناس هؤلاء الوجهاء بالسعي والعمل الحثيث لإيجاد أعراف من دورها أن تسهم في تخفيض اعتماد بيت المال على ريع ضرائب قوافل الأحساء والحجاز. وبهذا المخطط سنجد بأن وجهاء بيت الشورى سيُستبدلون، واحدا تلو الآخر، فيبقى منهم الحكماء القادرون على تحقيق مطالب الدولة ومعاملتها معاملة الجسد الواحد، ويخرج منهم أولئك الذين تجاهلوا هذا

الجسد، وكانت أعرافهم معنية بمصالح فئات فيه على حساب فئات أخرى.

قاطع والدي الأمير يوسف إسهاب زاخر، قائلا له وسط تبسمه:

— ومن هنا، يجيء صندوق يوسف كسجادة حمراء لأعراف حقيقية، لن تكترث لتضارب المصالح سالفة الذكر.

ابتسم زاخر، وقال له:

— نعم! أصبت يا سيدي. من هنا سيبدأ بيت الشورى في سنّ أعراف حقيقية من شأنها أن تخفض من اعتماد بيت المال على ريع ضرائب القوافل التجارية. ولكن، سيكون لتلك الأعراف كلفة تؤثر، بدورها، في علاقات أبناء الدولة الأخيضرية ببعضهم بعضا، جاعلة منهم الشعب الأقل تكافلا. فسنُّ أعراف جديدة تتيح الموافقة على دخول التجار من خارج اليمامة سيصنع تلك البيئة المنافسة التي لم يعتَدْها تجار اليمامة من قبل، وبذلك ستجدهم أول من يخسر أعمالهم وثراءهم. ولا شك في أن لتلك الخسائر كلفة اقتصادية، لا سيما عندما يخسر عديد من أبناء الدولة أعمالهم التي يتلقون أجورها. وكذلك، فإن لها كلفة سياسية متمثلة في الضغط على الوجهاء لتعطيل سنّ هذا النوع من الأعراف. لذا، فإن على تلك الأعراف أن تأخذ في عين الاعتبار مخطط الاقتصاد الثلاثي.

ارتفعت همهمة الحضور، بمن فيهم ميخائيل، يتساءلون فيما بينهم، عن ماهية الاقتصاد الثلاثي. رفع زاخر صوته قائلا:

— إن الاقتصاد الثلاثي قائم على تقسيم مواقع تجارة الدولة الأخيضرية إلى ثلاثة مواقع. فالموقع الأول، والمسمى بيمامة الحاضر، هو الإطار الذي يضم إليه جميع قطاع التجار الحاليين، داخل حدود قلب اليمامة. وفي أول سنة من بداية مخطط التطبيق يُبتدأ في سنّ أعراف إصلاحية بشكل تدريجي، قادرة على معايشة تجار قلب اليمامة دون خلق صدمات تجارية لهم. أما الموقع الثاني، والمسمى بيمامة المستقبل، فهو موقع تجاري خارج قلب اليمامة، يعمل وفق أعراف تجارية حديثة تستقطب تجار الدول الأخرى للعمل به بما يتناسب مع الضوابط والرسوم، على اشتراط أن يكون الاتجار في هذا الموقع مخصصا فقط لتلك الأعمال المعنية برفع حجم التصدير إلى خارج اليمامة، أو خفض التوريد إليها. في هذا الموقع حوافز وتسهيلات لا تتوافر في يمامة الحاضر، ولذلك، فإنه من الممكن لتجار قلب اليمامة الانتقال إليه متى ما توافرت في تجارتهم المعايير اللازمة في شأن التصدير والتوريد. وأخيرا فإن الموقع الثالث، والمسمى بيمامة التحول، هو موقع تجاري بأعراف وحوافز أكثر حداثة من نظيريهما في يمامة الحاضر، وباشتراطات أقل حزما من نظيرها في يمامة المستقبل، بأعراف إصلاحية يجري سنّها بشكل تدريجي. فهذا الموقع يستقطب التجار من

قلب اليمامة الذين يسعون لتطوير أعمالهم لاستهداف الإنتاجية والتصنيع، من أجل زيادة حجم التصدير إلى خارج اليمامة أو خفض التوريد إليها، ولكنهم وفي الوقت ذاته غير قادرين على تحقيق كافة متطلبات العمل في يمامة المستقبل، أو تحمل أعباء رسوم العمل بها، أو منافسة التجار الآخرين فيها.

ابتسم والدي الأمير يوسف بعد أن تلاشت حيرته، ومد يده لتناول حبات من التمر الذهبي، في حين استرسل زاخر مكملا حديثه، بالقول:

— إن الغاية الأولى هنا هي أن تكون تجارة الدولة الأخيضرية، في جميع تفاصيلها، أشبه بتجارة يمامة المستقبل. ولكن، عن طريق التدرج في سَنّ الأعراف الإصلاحية بها في يمامة الحاضر ويمامة التحول لتواكب يمامة المستقبل، فإنه سينتهي به المطاف بمخطط التطبيق هذا، لتكون تجارة الدولة الأخيضرية صورة طبق الأصل من تجارة يمامة المستقبل. في هذا المخطط جرى وضع مصالح أبناء الأمة وكلفة تبدل أحوالهم محلّ اعتبار، من خلال يمامة الحاضر. كذلك، جاءت يمامة التحول مراعاة لطموح الفطاحلة من التجار. وآخرا، جرى اعتبار الفرص البديلة وعامل الوقت بها، من خلال يمامة المستقبل. بذلك، وبعد انقضاء المدة الزمنية التي وضعت لتحقيق الرؤية المنشودة، سنجد أن هذين المخططين قد حققا الهدفين الرئيسيين في رؤيتهما الفرعية، ألا وهي اقتصاد مستدام.

توقف حديث زاخر، وبدأ ينقل بصره في الحضور، إخاله يتأكد من أن ملامحنا جميعا قد انقشعت عنها علامات الحيرة، وما إن اطمأن، حتى تنهد تنهيدة طويلة تنمّ عن رضاه وارتياحه، ثم التفت إلى والدي الأمير يوسف، وقال مخاطبا إياه:

— هكذا يا سيدي تكون تجارة الدولة الأخيضرية قد توسعت، ويزداد حجم الرسوم التي يتلقاها بيت المال من تجارها، أضف إلى ذلك انخفاض التزام الدولة في تشغيل أبنائها. والسبب كامن في وجود ازدهار تجاري قادر على الإفادة من مهارات أبناء الدولة. ونتيجة لذلك يا سيدي، نمكّن للاقتصاد، ليقوم بذاته، مطورا نفسه بنفسه، ومعززا إنتاجيته وإيراداته، بازدهار مستمر، غير معتمد على تجارة أخرى، ولا على ريع ضرائب قوافل تجارة الأحساء أو الحجاز.

توقف زاخر عن حديثه فجأة، والتفت إلى ميخائيل مبتسما، ثم عاد بناظره إلى والدي الأمير يوسف، فوضع يده على ركبة والدي، وقال:

— بهذا التهديد الاقتصادي المصطنع، تتبدل حال الأمة يا سيدي، وبه يرتقي المرء في هرم إدارة الدولة، استنادا إلى علمه وحكمته واجتهاده، لا على ولائه وحسب. بهذا التهديد يا سيدي ينفك وثاق ما تعقد والتبس، لينهي حياة تلك العقد المتشابكة داخل دولتكم الأخيضرية. ولكن، ومع ذلك، يجب ألا يجري

تجاهل الرؤيتين الآخرتين الموازيتين لرؤية اقتصاد مستدام، إذ إن تلك الرؤى يكمل بعضها بعضا. فجرت العادة، وفقا لما يتم تداوله بين الناس، وتبعا للواقع الذي يتعامل به العامة، أن الرفاه مفهوم تجمعه رابطة ذات علاقة إيجابية مع وفرة المال وحسب؛ أي أنه، ووفقا لهذه الرابطة، يزداد رفاه المرء كلما ازدادت وفرة ماله، والعكس بالعكس. ولكن هذا الواقع الذي يحتكم إليه الكثير من الناس قد غيب وهمش نقطة أساسية، تنافي بالكلية ما تم تنظيره من ذلك الإدراك، ألا وهو ما يتمثل في كون مفهوم الرفاه ينتج من أصل معادلة معقدة تضم إليها عديدا من العوامل الأخرى. إن المرء يعمل كل يوم، وعلى مدار الشهر، من أجل الحصول على أجر متفق عليه، ومن ثم يقوم باستخدام هذا الأجر لتلبية احتياجاته واحتياجات أسرته؛ من سكن، ومأكل، ومشرب، ومصروفات أخرى، ويسعى لادخار ما يزيد عن حاجته، إن استطاع إلى ذلك سبيلا. فهذا الأجر ما هو إلا حلقة وصل تربط بين العمل وسد الاحتياجات في كل شهر. ومتى ما قصر الأجر عن سد تلك الالتزامات، وبات غير كاف لسد تلك الاحتياجات، فلن يستمر المرء في عمله هذا؛ لأن هذا العمل لا يمنحه أجرا يكفل تغطية احتياجاته. قد يظن البعض بأن ارتفاع الأجر هو ما يرضي المرء، وهذا أمر غير صحيح. إن ما يرضي المرء يا سيدي هو ارتفاع قيمة ما يتمكن من الحصول عليه مقابل هذا الأجر، بما يكفل له رفع مستوى معيشته، ويحقق له مستوى أعلى

من السعادة والرفاه. فإن كان أجر المرء خمس قطع ذهبية، وكانت القدرة الشرائية لهذا الأجر كفيلة بتوفير المسكن والمأكل والمشرب والكماليات لهذا المرء، فلا شك من أن مدى رفاهيته ستكون أعلى من رفاهيته في حال كانت تلك القيمة مهيأة لتوفير المسكن فقط؛ فالعدد والقيمة مفهومان مختلفان، مختلفان تماما.

قاطع ميخائيل حديث زاخر متسائلا، إذ قال له:

— وما قولك بارتفاع الأسعار من تلقاء نفسها يا أبا مضر؟

رفع زاخر يده يشير بها نفيا، وقال:

— ليس هنالك سعر يرتفع من تلقاء نفسه يا ميخائيل، فلكل أمر مسبباته. ولعل الشيء بالشيء يُذكر، فقد يرى البعض أنه من البديهي ربط التضخم بارتفاع الأسعار على الرغم من اختلاف المفهومين اختلافا جذريا، إذا ما جرى تحليل الأسباب المتعلقة والمؤدية لظهور كل منهما. فالتضخم يعني ارتفاع الأسعار نتيجة لزيادة وفرة المال لدى الناس، وهو ما يسهم في زيادة حجم الطلب على السلع والخدمات. وبسبب ثبات المعروض من تلك السلع والخدمات، ترتفع قيمة هذا المعروض، فينتج عن ذلك الأمر ما يسمى تضخما في الأسعار. ويأتي ذلك الارتفاع كردة فعل من قبل التاجر، سببها الرئيس نابع من نفس جشعة طماعة تسعى لكسب المزيد في ظل استغلال

كمية الطلب المتزايد. ومع ثبات قيمة السلع، ونتيجة لجشع المشتري، فإنه يندفع لشراء أكثر مما كان قادرا على شرائه من قبل، وذلك، وعلى سبيل المثال، عند مضاعفة معدل متوسط الأجور، الأمر الذي يحتم على التاجر الاختيار بين أمرين؛ إما أن يقوم بزيادة المعروض من تلك السلع، وبذلك يكفل تلبية هذا الارتفاع في الكمية المطلوبة، أو أن يقوم برفع سعر تلك السلع، لإشباع غريزته وإخماد لهيب طمعه. وبما أن الهدف وراء أي تجارة هو الربح المادي، فإن رفع السعر، في العادة، يمثل ما يجري اتخاذه من قبل التاجر في حال الزيادة على الطلب الناتج عن زيادة وفرة المال لدى الناس. فالسعر يا ميخائيل هو ما يحدده بائع السلعة أو مشتريها، كل على حدة، في ظل ما يناسبه. أما القيمة فهي الرقم الذي يتفق عليه الطرفان عند إتمام الصفقة. فعند استيراد التاجر لسلعة تكلفتها قطعة ذهبية واحدة، بهدف بيعها في قلب اليمامة بقطعتين ذهبيتين، فهذا لا يعني بالضرورة أن قيمة هذه السلعة تعادل قطعتين ذهبيتين، إلا إذا وجد طلبا كافيا على السلعة رغم بيعها بهذا السعر. ولكن، ماذا لو توافرت السلعة ذاتها لدى تاجر آخر بسعر مختلف، ولنفترض أنها توافرت بما قدره قطعة ذهبية واحدة؟ فحتما لن تكون القيمة الحقيقية حينها قطعتان بل قطعة ذهبية واحدة، في حال توافر الطلب الكافي ذاته على السلعة وهي بهذا السعر.

التفت زاخر إلى والدي، وقال موجها حديثه له:

— أعلم بأن ما تطرقت إليه يبدو لكم معقدا بعض الشيء، ولكنه مكمل أساسي لاستدامة اقتصاد الدولة الأخيضرية يا سيدي الأمير يوسف. فالتضخم أو الانكماش في أسعار السلع والخدمات يتكون نتيجة لارتفاع أو انخفاض معدل أجر المرء. ويعد احتساب المعدل أمرا سهلا للغاية؛ إذ ينتج بقسمة مجمل ما يجري جنيه من قبل جميع العاملين داخل حدود اليمامة على إجمالي عددهم، وليس ثمة شك في أن رفاهية المرء في ارتفاع مستمر تزامنا مع ارتفاع أجره عن هذا المعدل، والعكس بالعكس. والجدير بالذكر أن ما يؤثر في رفاهية المرء ليس ما يتعلق بمسألة خفض أجره أو ارتفاعه، بل إن الأمر مرتبط بمدى ابتعاد أجره عن معدل الأجور. ففي حال انخفضت أجور العاملين في بيت الجيش؛ أي الفرسان والحراس والجنود، فمن الطبيعي أن ينخفض معدل الأجور داخل الدولة، وهو ما من شأنه أن يؤثر بانخفاض الأسعار نسبيا وفقا لكمية العاملين في بيت الجيش. ولكن، حينها سيكون معدل انخفاض أجر العامل في هذا البيت أكبر من معدل انخفاض أسعار السلع والخدمات التي أخذت متوسط الأجور للعاملين في جميع البيوت في عين الاعتبار. بذلك، سيكون العاملون في بيت الجيش هم الأكثر تأثرا على نحو سلبي، أما العاملون في البيوت الأخرى فهم الأكثر استفادة. أما في حال خفض أجور العاملين في جميع البيوت أو رفعها، فإن الأمر سيكون مختلفا حينها. فلا شك من أن معدل الأجور

سينخفض أو يرتفع، وبناء عليه تنخفض أو ترتفع الأسعار، إلا أنه لن يكون هنالك أي اختلاف في معدل رفاهية العاملين في أي من البيوت حينها، ويعتمد ذلك على تطابق التباعد أو التقارب بين أجور هؤلاء العاملين في جميع البيوت، توافقا مع معدل الأجور. وبناء عليه، قد يكون من الظلم رفع أو خفض أجور فئة دون أخرى بغير وجه حق. ولكن رفع أو خفض أجور جميع الفئات دفعة واحدة لن يترتب عليه أي تأثير سلبي أو إيجابي في فئة دون أخرى فيما يتعلق بمستوى الرفاهية، ويمكن استخدامه كمخطط إصلاح فيما يتعلق بأمور رفاه المرء داخل حدود الدولة الأخيضرية.

التفت إلينا زاخر مبتسما، وقال:

— يختلف الرفاه في مفهومه وصيغته من مكان لآخر، وذلك وفق ما تتأثر به ثقافة المكان، وما تتطلبه احتياجات الناس، وما ترتبط به تلك الاحتياجات من ندرة. فإذا كانت حاجة المرء هي تعليم الأبناء، فهنالك وسائل عدة يمكن أن توفر ما يسد هذه الحاجة. على سبيل المثال، تعليمهم على يد حكماء وشيوخ داخل حدود الدولة، بكلفة ضئيلة، أو ابتعاثهم لأماكن أخرى بعيدة، بكلفة باهظة للحصول على تعليم أكثر حداثة. أما تبعا لمجريات الأمور ومعطيات المعادلة في الدولة الأخيضرية، ونظرا إلى أن مخرجات التعليم في قلب اليمامة ضعيفة ومتدنية عما يتطلبه سوق العمل، ولا تواكب معايير التعليم المؤثرة، فإن

عددا كبيرا من أبناء الطبقة المتوسطة يحيدون عن تعليم أبنائهم في اليمامة، لأن مفهوم الرفاهية يتجسد لديهم في ابتعاث أبنائهم وتحمل الكلفة الباهظة. ولكن، هل ستتغير هذه النظرة، ويختلف تقييم هذا المعيار لو كانت إمكانيات التعليم في قلب اليمامة تفوق نظيرتها خارج اليمامة؟ ألن يصبح لذلك دور في ارتفاع معدل الرفاه دون احتياج الفرد لمضاعفة جهوده في عمله أو الاستدانة من أجل توفير تكاليف تعليم أبنائه؟ وقس على ذلك شح الأراضي بسبب احتكار التجار لها، الأمر الذي أدى إلى ارتفاع كلفة رفاه ما يحصله المرء بمسكنه. فلذلك، يجيء مخطط رفاه المعني بتحقيق رؤية أبناء الدولة الأخيضرية ينعمون برفاه غير مسبوق.

تبسم ميخائيل وسط انتشائه بحديث زاخر، وقال مستفهما:

— وكيف يعمل مخطط التطبيق هذا يا أبا مضر؟

فأجابه زاخر، إذ قال له:

— في بداية الأمر، يجري العمل على إنشاء بيت الرفاه، فيتلقى بدوره التوصيات من قبل البيت المعني بإدارة موقعي يمامة المستقبل ويمامة التحول. وتتمثل مهمته الأساسية في السعي الحثيث والجهد المكرس في سنّ الأعراف وتقديم التعديلات عليها، وذلك في سبيل تحقيق هدفه بشكل مستمر ومتتابع، ينعكس أثره إيجابا في رفاه المرء داخل الدولة

الأخيضرية. يقوم بيت الرفاه أولا، وبشكل دوري، وعن طريق التقصي والبحث الدقيق، بتحديد الطبقات الثلاث؛ طبقة الفقراء، والطبقة الوسطى، والطبقة الثرية، على أن يكون التحديد بمعدل وزني. وكذلك يقوم بتحديد دور كل طبقة فيما يتعلق بمجريات الاقتصاد داخل حدود الدولة، كإضافتها له واستهلاكها لموارده، بحيث يمكن تبني أسس كل ذلك في مخططات تطبيق فرعية، تسعى لتحقيق أهداف فرعية ذات صلة. ثانيا، وعن طريق البحث الدقيق، يقوم البيت، وبشكل دوري، بتحديد الاحتياجات الأساسية، ومن ثم الثانوية للطبقة الوسطى، وترتيبها حسب الأهمية، بناء على استطلاع يخضع لملاحظات بتفاصيل كافية، تخص الطبقة الوسطى فقط، إذ يجري حينها تحديد نسبة تملك كل فرد من جميع الطبقات لكل احتياج من تلك الاحتياجات التي حددتها الطبقة الوسطى. ثالثا، وعن طريق التحليل ذي المنطق الاقتصادي، يجري تحليل كل من الاحتياجات المطروحة من قبل الطبقة الوسطى، وتحديد عوامل الاقتصاد المؤثرة في نسبة تملك كل احتياج. ويجري حلها بوساطة مخططات اقتصادية. رابعا، يقوم البيت بتحديد الأدوات الاقتصادية والتجارية لتقريب الطبقات من بعضها بعضا، على نحو يكون فيه تملك الاحتياجات التي تضعها الطبقة الوسطى هو الأكثر جدوى إلى حد ما. خامسا، يقوم البيت بتفعيل دور لبيت الشورى، في حال تطلب الأمر، ودفع بيوت الدولة للعمل في حال

تطلب الأمر تعديلا على الأعراف الداخلية، بشكل تكاملي لا يتعارض مع مخططات تطبيق الرؤى الفرعية الأخرى، وبآليات قد تستدعي التأثير في رأي العامة، وذلك باستخدام موارد الدولة لرفع معدل الوعي فيما يتعلق بمستوى الرفاه وآليات رفعه.

تبسم زاخر، والتفت إلى والدي الأمير يوسف، وقال له:

— وتلك المخططات يا سيدي لا يمكن ضمان استمرارها أو ضمان إكمالها لدورها إلا بشرط وجود الحكماء من أبناء الدولة الأخيضرية. فمن هنا يأتي دور مخطط التطبيق الأخير، والمعني برؤية أبناء الدولة ممن يحظون بثقافة رفيعة غير مسبوقة، قادرة على مواكبة حداثة وجهة الدولة، فتكون إنجازاتهم منقطعة النظير، مُسهمة في استمرار تطور بيوت الدولة وقطاعاتها التجارية والصناعية، سواء كانت إنتاجية أم استهلاكية. وفي هذا المخطط يا سيدي يستوجب عليكم استقطاب العلماء والحكماء، من داخل حدود اليمامة وخارجها، ليكونوا هم علية القوم، والأكثر تأثيرا بها، ترتضون توصياتهم ليأخذ بها بيت الشورى عند سنّ أعرافه، وتطبقها بيوت الدولة لتحقيق التطور في كافة العلوم، فتكون اليمامة مركزا للتطور العلمي، والحضارة والثقافة القادرة لا على تطوير نفسها وحسب، بل وتطوير تلك الدول التي تحيط بها. يا سيدي الأمير يوسف.. بحزم حكمكم لإتمام مسير تلك المخططات، فمتى ما تحققت تلك الرؤى..

ضرب ميخائيل بقبضة يده على المائدة، مقاطعا حديث زاخر. أدرنا وجوهنا نحوه، وشخصت أبصارنا إليه وسط تركيزنا العميق ذاك، فقال بنبرة مملؤة بالحماس:

— حينها لن تكون أخيضرية وحسب، إنما أخيضرية مستدامة.

* * *

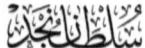

الخاتمة

امتلأت عيناي بالعبرات، فتحت فمي ورفعت يدي تجاهه أتصنع التثاؤب، مشيحا بناظري إلى سقف تلك المائدة لكيلا يتنبه أحد لتعبري وشجني هذا، فيستغرب أمري. إن كنت قد تعلمت شيئا من حياتي كلها عامة، ومن موقفي مع ابن تميم خاصة، فوالله لهو ما تختصره قناعتي بأننا نمضي في هذه الحياة مسيرين لا مخيرين. فعجبا! كيف ساقني القدر لهذا الرجل الماثل أمام عيني، وكيف يتحدث الآن بسلاسة وطلاقة، ويتحرك بعافيته وصحته، ووعيه وكامل إفاقته، بعد أن كان كقطعة لحم تنزف دما، يصيح ألما، لا يقوى على الكلام ولا الحراك، ولا حول له ولا قوة. أغمضت عيني لثوانٍ معدودة، أستذكر ترددي في بدء معالجته، ظنا مني بأنه ميت لا محالة، كيف اهتديت لمداواته، ورعايته، وكيف انتهت به الحال إلى هنا، في عقر دار أعدائه، يناصحهم ويشق لهم طريقا ينير به بصيرتهم، يحدثهم بما في قلبه، ويحرك يده اليمنى مشيرا لهم بهذا وذاك، يده التي قتل فيها ابنهم لو كانوا يعلمون. كيف تولاه الله وكفله، وكتم سره وصان عهده! تبسمت بابتسامة تفيض إيمانا وتسليما، غبطة ونشوة لتلك اللحظات، وما حملته من ذكريات، مذهولا بتبدل الأحوال، ومكْبِرا الخير

الذي يفيض به قلب زاخر، إذ غالب هوى نفسه، وتمكّن من نصح من أساء إليه، وتسبب في فناء قومه. تذكرت مقولته لي ليلة البارحة، حين رمقته بنظرة إعجاب واستغراب للسبب ذاته، فرفع حاجبيه لي مبتسما، مدركا معنى نظراتي تلك، وقال لي: "يا ميخائيل، إذا انتفى الحقد صفا النقد، ولست بامرئ يحمل في قلبه مثقال ذرة على أحد في دار فناء، مآلنا فيها إلى انتهاء". أعادني صوت زاخر من شرود ذهني، قائلا:

— أحسنت يا ميخائيل.. ستكون هي تلك الأخيضرية المستدامة.

ثم التف برأسه عني، ساهمَ البصر، ينظر في فراغ المائدة، تمتلئ عيناه بالكلمات والعبرات، رفع رأسه يتأمل الأسرجة المعلقة في سقف الديوان، فأدركت أنه يواري دمعة لكيلا تسقط من عينه. وما لبث لحظات قليلة على حاله تلك إلا وانزلقت تلك الدمعة على خده، لتفصح عما في داخله، ولتتحدث وسط صمته ذاك، معبرة عن حجم الفراغ الذي خلفه فقده لأحبته، والتيه الذي تشقى به نفسه في حضرة من كانوا السبب في فقدانه لهم. يتعارك الضدان في داخله، جلادة المسافر وتصبّر المؤمن صاحب القيم

وسيد المنطق، أمام عاطفته واشتياقه والتياعه وتضرره. حاله هذه أخمدت لهيب تعجبي من عظمة سيطرته وضبطه لنفسه، فلقد تبين لي الآن بأن هذا الاتزان الذي يتحدث به بثقة وعنفوان، لم يظهر بهذه السهولة للعيان، وأن ابن تميم هذا، وإن كنت قد شهدت له جلادة وصبرا، وحكمة ورشدا إلا أنني الآن أشهد أشدها إبهارا وأكثرها إجلالا، فهل يحمّل رجل ما نفسه ما لا تطيقه وما لا يقوى على تحمله قلبه بغية إحقاق حق وتسخير خير؟ فدمعته تلك لم أرها يوما ما، حتى في مواضع وجب أن يصيح بها من الألم، من أصعب لحظاته حتى حين واجه الموت، وهو ملقى بين جثث أهله وصحبته في أرض المعركة، أرض تجري فيها الدماء مجرى النهر. أو حتى حين واجه تعذيب الفرسان له في زنزانة القصر. الآن أُدرك بأن كلفة هذا الخير الذي يقصده ويبديه لأهل هذه الدولة تأتي ثقيلة على كاهله، أثقل من كل أمر آخر.

تُرى ماذا لو.. ماذا لو أنني تركته في أرض المعركة، لو أنني لم أسعفه ولم أحمله، وبقي على حاله تلك، ينزف حتى وافته المنية، أو ينظر الله في أمره، لمَا حدث ما حدث، ولما حل ضيفا في داري، وجرّ معي إلى زنزانة الأخيضرين

حتى تسوقه الأقدار إلى أن يخطط بنفسه ما يقصد به نية إصلاح وِجهة الدولة الأخيضرية التي طالما شهدت تردي أحوالها سنة تلو الأخرى. فزاخر كان خير مترجم لما شهدته، وشهده غيري، دون إدراك البعد الحقيقي لماهية الأمر.

لم يمسح دمعته. ولم يبدِ اهتماما أو تأثرا برؤيتنا لها من عدمه. وبعد لحظات وجيزة، أنزل رأسه ينقل بصره بين الحضور مبتسما، يرفع حاجبيه بابتسامة أوسع لإسماعيل الذي ضاق وتبدل استبشار حاله متأثرا بحال زاخر، ويميل رأسه لي يحاول أن يمتص القلق البين في وجهي، مبتسما ببشاشة، بوجهه النير ومحياه الجميل، بنظرة غير مبالية، تستصغر توتري وخوفي من أن يكتشف والد إسماعيل وإخوته بأن صاحبنا أبا مضر هو نفسه زاخر، ابن تميم الذي قتل محمدا. فجأة، قطع ذلك الصمت قول زاخر بعد أن التفت برأسه إلى الأمير يوسف، وقال له وسط تبسمه:

— سيدي الأمير يوسف.. إنيّ على معرفة ويقين تامّين بأن نفوسا أُزهقت، وأموالا بُددت، وأجيالا يُتمت، من أجل قضية دولة قد تبدلت. وفي واقع الأمر، ما كان ليحدث هذا كله بالنحو نفسه لو كانت نيّتكم جلية للعيان، بأنكم ستستمعون إلى قول الحكماء ممن يواجهونكم،

وتحتوونهم في كنفكم، وتكسبونهم في صفكم قبل أن يصبحوا أعداء لكم. فكم من حروب خاضتها الدولة الأخيضرية، وكم من أقوام انتهى بهم الأمر أمواتا في جبهات المعارك لم تكسبوا منهم إلا غنائم محدودة أملا أن تسد عجز بيت مالكم! وفي واقع الأمر، قد يكون هؤلاء الأقوام عونا لبيت مالكم لو كانت تلك النيّة جليّة، مثلما هي الآن.

صمت زاخر لبرهة، ثم وضع راحة يده على ركبة الأمير يوسف، وقال:

— سيدي الأمير يوسف.. إن كنت سيدا في قومي لحاربتكم حاميا نفسي وقومي من فساد أمتكم. ولكني الآن، ومن مجلسي هذا أقر بأنني بعد أن شهدت نواياكم، وتأكدت أنكم تدركون وتعون ما نعي ونعلم، فوالله لن أرتضي ولن أقبل إلا أن أكون حليفا حاميا لأمتكم التي ستأتي بخير يعود نفعه عليّ وعلى أمتي، والله من وراء القصد، وهو على ما أقول شهيد.

ضحك الأمير يوسف بصوت عال بغير شعور، وبطريقة مهينة تفتقر للتقدير وتفهم مرارة الموقف. وضحك أبناؤه من بعده بأصوات متفاوتة، فاكتظ الديوان بصدى ضحكاتهم جميعا عداي أنا وإسماعيل الذي كان يرمقهم

بنظرة حادة تمتلئ استياء. انخفضت ضحكات الأمير يوسف، واستند جالسا مرتخيا، وقال بنبرة كبر:

— حينها سيكون المال والجاه أثمن لك من أمر يعود نفعه لصالح قومك يا أبا مضر.. فسواء علمت بنوايانا أم لم تعلم، فاعلم بأنك لن تجد مفرا من السعي لصالح نفسك، ولن تتخلى عن أن تكون سيد قومك. وبناء على ذلك يا عزيزي، ستعارض حلفنا أيا كانت نوايانا. ومتى ما كان ذلك، فبيت مال الدولة أحق بغنائمنا منك.

امتلأت حنقا، واحمرّ وجهي امتعاضا، التفت إلى إسماعيل فإذا به في حال لا تختلف عن حالي كثيرا، يتلون وجهه بحمرة، يحدق في والده بحدة وحنق، كلانا ممتعض مما قاله الأمير يوسف لزاخر، كلانا فقط! أما إخوة إسماعيل جميعهم بلا استثناء فقد كانوا يتضاحكون ويتلامزون، ترتسم على محياهم ملامح الفخر والاعتزاز بحنكة والدهم ورده المفحم. خفض زاخر رأسه بتأدب بالغ، ضم فمه وعقد حاجبيه مبديا استياءه، إشفاقا على هذا الجمع وما يعتل فكره به. لم يطل صمته كثيرا، وبينما كانت أعينهم معلقة تنظر إليه، تنتظر منه ردا، رفع رأسه ملتفتا إلى الأمير يوسف، مخفيا عتبه بنبرة صوت حادة، قائلا:

— جانبك الصواب يا سيدي الأمير يوسف.. فهنالك من سادة الأقوام حكماء يرون أن صالحهم مضمر في تحقق مصالح أبناء قومهم، لا يلهثون لمال وجاه، ولا تغريهم غنائم زائلة، ولا يغرهم متاع رخيص، بل يعتلون قمما بعد قمم، ببناء رصين وعدالة بينة في توزيع الثروة. والثروة يا سيدي أعمق من أن تكون قائمة على مال زائل، أو جاه زائف. فالعدالة في توزيع الثروة معنية ببناء نظام قادر على إعطاء كل ذي حق حقه. وذو الحق يستحق ما يستحقه وفقا لما يبذله لهذا النظام وأهله، تبعا لدوره في تعزيز تلك العدالة، واستمرار مسيرتها.

وضعت يدي على ركبة زاخر، محاولا تخفيف حدة حديثه، علني أمتص شيئا مما يعتمل في نفسه. التفتّ إلى إسماعيل أخصه بنظرات أستنجده وأستجديه بها، أملا في أن يساعدني في قول يبديه، يشد به طرف الحديث، ويأخذه بعيدا عن ما آل إليه. إلا أن زاخرا باغتنا قبل أن نتدارك أو نتصرف بافتعال قول أو تدبير حيلة، قائلا للأمير يوسف:

— سيدي الأمير يوسف.. تفكر لتدرك، اعرف منزلتك ولا تتعالَ بجاهك. الآن وبعد أن أدركت نواياكم، فإني أرى من موضعي هذا أنكم أخذتم مني من الغنائم ما لن

يضفي خيرا على بيت مالكم وحسب، بل على دولتكم ببيوتها وتجارها أجمعين. أما جهلي بتلك النوايا فلم تطل أنت منه أي غنيمة أو مكسب، إنما أسى وكلفة تكبدتهما بمقتل ابنك محمد. يا سيدي.. أنا من نصحك حين علم نواياك.. وأنا من قتل ابنك محمدا حين غُيّبت عني تلك النوايا.. فأنا زاخر، أنا ابن تميم.

قام الأمير يوسف من على المائدة، مستشيطا غضبا، ووقفت أنا من هول الصدمة بغير شعور، ترتجف قدماي عاجزة عن حملي، ووقف أبناؤه تباعا. فسلّ سيفه من غمده في لمح البصر، واضعا طرفه على عنق زاخر الذي كان جالسا في مكانه على المائدة بكل هدوء وسكينة. وقال الأمير يوسف بصوت مرتجف:

— ها قد وقعت بين يدي يا ابن تميم. وإن كنت قد ترى فعلتك هذه قد جاءت قاصدة صالح قومك يا زاخر، فإن لم أتمم قصاصك بسيفي هذا فإني بذلك أتوجك سلطان نجْد، علي وعلى قومي.. لأمر يرتهن تعلقه للزمن.

التفت إلي زاخر مبتسما، وتنهد بأنفاس ملتهبة، معلقا عيناه بي، تتلألأ كبريق نجم ساطع، وقال:

— ها قد سددت دَيني لك يا ميخائيل، وأظن أنك قد سددت به دَينك لإسماعيل.. اللهم إني قد بلغت، اللهم فاشهد. أشهد أن لا إله إلا الله، وأنّ محمدا عبده ورسوله..

وما إن أتم قول الشهادة، حتى سحب الأمير يوسف سيفه على رقبته، ناحرا عنق زاخر، معلنا موته. فسقط جسده على الأرض في موطئ لا يستحقه، تسيل الدماء من عنقه، بوجه مبتسم مسلّم وراضٍ بقضاء الله وكريم قدره.

انتهى.

* * *

شاركنا برأيك على:

‫#سلطان_نجد‬

للحصول على نسخة من هذا الكتاب:

🔳 abdullah.com.kw/books

I0630702